Monsieur
CUISINE

DAS OFFIZIELLE KOCHBUCH

100 LECKERE REZEPTE FÜR JEDEN TAG

Lelia Castello

Fotos von Rebecca Genet

Monsieur CUISINE

DAS OFFIZIELLE KOCHBUCH

100 LECKERE REZEPTE FÜR JEDEN TAG

YES

INHALT

WIE WIRD DIE KÜCHENMASCHINE GENUTZT?

In diesem Buch finden Sie einfache Rezepte für Ihren Monsieur Cuisine. Damit alles optimal gelingt, sollten Sie diese Informationen und Tipps lesen, bevor Sie loslegen.

Die Geschwindigkeitsstufen für den Messereinsatz

Es gibt drei Kategorien:
1–3: grobes Rühren und Zerkleinern
4–10: feines Zerkleinern, perfekt für Pürees
Turbo: schnelles Mixen

Die Temperaturen

50 °C: Butter zerlassen, Schokolade schmelzen …
60–70 °C: perfekt zum Erwärmen von Soßen, Suppen … Entspricht einem Wasserbad.
100 °C: zum Aufkochen von Wasser, beispielsweise zum Kochen von Nudeln

Das Zubehör

DER MESSBECHER

Dabei handelt es sich um die Verschlusskappe für den Mixbehälter. Der Messbecher fasst 100 g Wasser. Er wird wie ein Deckel auf einem Topf verwendet. Zum Reduzieren einer Soße, Herstellen einer Crème Anglaise oder einer Béchamelsoße, Zubereiten von Rührei oder um Zutaten anzubraten, wird der Messbecher nicht benutzt. Für Kochvorgänge ohne Hitzeverlust (Aufkochen von Wasser, Schmorgerichte …) muss der Messbecher eingesetzt werden.

DER RÜHRAUFSATZ

Er dient zum Schlagen von Eischnee, zum Aufschlagen von Eiern und zur Herstellung von Cremes. Der Rühraufsatz ist auch perfekt zum langsamen Garen von Fleisch, Fisch und Gemüse geeignet. Durch Aktivierung des Linkslaufs bleiben Lebensmittel unzerkleinert. Um zu verhindern, dass sich der Quirl löst, den Rühraufsatz höchstens auf Geschwindigkeitsstufe 4 laufen lassen.

DIE DAMPFGARAUFSÄTZE

Damit Fleisch oder Fisch beim Dampfgaren nicht am Korb anhaften, ein Backpapier leicht anfeuchten und zwischen Korb und Gargut legen. Um zu verhindern, dass beim Kochen ohne Messbecher etwas herausspritzt, kann der Dampfgaraufsatz auf der Öffnung des Deckels platziert werden. Beim Mixen kann der Dampfgaraufsatz direkt auf den Mixbehälter gesetzt werden, damit der Inhalt nicht bis zum Deckel hochsteigt.

DIE WAAGE

Sie wiegt in Schritten von 5 Gramm. Vorzugsweise werden zu wiegende Zutaten auf einmal in den Mixbehälter gegeben und nicht langsam eingefüllt. Mit dem Messbecher können auch kleine Mengen abgewogen werden. Hierzu muss er lediglich mit der Öffnung nach oben in den Deckel des Mixbehälters eingesetzt werden. Nach Aktivierung der Tara-Funktion können die Zutaten abgewogen werden.

Das Reinigen

Um den Mixbehälter nach Gebrauch zu reinigen, füllen Sie ihn mit 500 ml warmem Wasser und etwas Geschirrspülmittel. Den Deckel schließen, den Messbecher einsetzen und das Gerät 1 Minute auf Stufe 10 laufen lassen. Den Mixbehälter leeren und den Vorgang mit 500 ml klarem Wasser wiederholen. Um nach dem Kochen Gerüche von beispielsweise Knoblauch oder Brokkoli zu beseitigen, den Saft von 1 Zitrone oder 1 Teelöffel Natron mit in den Mixbehälter geben. Den Deckel schließen, den Messbecher einsetzen und Mischung 2 Minuten auf Stufe 2 bei 90 °C erhitzen.
Die Dampfgaraufsätze mit Dichtung und Deckel, der Rühraufsatz und der Messbecher sind spülmaschinengeeignet. Der Messereinsatz wird vorzugsweise mit einer kleinen Flaschenbürste gereinigt, um in alle Ecken zu kommen. Vergessen Sie nicht, die Dichtung zu entfernen, sollten Sie den Messereinsatz in die Spülmaschine legen.

MESSBECHER

DECKEL FÜR DEN
MIXBEHÄLTER

RÜHRAUFSATZ

DAMPFGARAUFSÄTZE

SPATEL

PRAKTISCHE HINWEISE

Das Dampfgaren

Beim Dampfgaren bleiben Vitamine und alle gesunden Nährstoffe der Zutaten perfekt erhalten. Noch mehr Geschmack bekommen die Speisen, wenn Fleisch und Fisch 1 Stunde vor dem Garen in Ölmarinaden, Sojasoße, Kräutern, Gewürzen etc. mariniert werden. Zum Garen selbst kann eine Gemüse- oder Geflügelbrühe verwendet werden, die den Zutaten zusätzliches Aroma gibt. Für das Garen tiefgekühlter Zutaten wird empfohlen, die Garzeit um ein paar Minuten zu verlängern oder die Zutaten vor dem Kochen auftauen zu lassen.

Zubereitungstipps

TARTE- UND PIZZATEIG

Ist der Teig im Mixbehälter fertig, den Großteil herausnehmen und auf die Arbeitsfläche geben. Um Teigreste zu lösen, die an den Klingen haften, genügt es, kurz die Turbo-Funktion zu aktivieren. Der Tarteteig hält sich tiefgekühlt 4 Monate. 12 Stunden vor der Verarbeitung aus der Gefriertruhe nehmen und in den Kühlschrank stellen.

SCHLAGSAHNE

Die Zutaten, aber auch Mixbehälter und Klinge müssen kalt sein. Dafür am besten 3 Eiswürfel in den Mixbehälter geben, den Messbecher einsetzen und 15 Sekunden/Stufe 10 mixen. Den Messbecher leeren, schnell mit einem sauberen Geschirrtuch trocknen und die kalten Zutaten hineingeben.

MAYONNAISE

Im Gegensatz zur Schlagsahne muss eine Mayonnaise mit zimmerwarmen Zutaten zubereitet werden. Eier, die im Kühlschrank aufbewahrt wurden, zum Temperieren ein paar Minuten in eine Schüssel mit warmem Wasser aus dem Wasserhahn legen.

PUDERZUCKER

Um Puderzucker selbst herzustellen, weißen Zucker 15 Sekunden auf Stufe 9 mixen. Vor dem Öffnen des Deckels ein paar Sekunden warten.

GETROCKNETE BOHNEN

Weiße oder rote getrocknete Bohnen werden leichter verdaulich, wenn sie über Nacht in einer Schüssel Wasser mit 1 Esslöffel Natron eingeweicht werden.

Aufbewahrungstipps

Eiweiß: Bei manchen Rezepten bleiben Eiweiße übrig, die in einem gut verschlossenen Behälter (vorzugsweise aus Kunststoff) 4 Tage aufbewahrt werden können. Eiweiße können auch eingefroren werden und sind dann 6 Monate haltbar.

Eigelb: Damit Eigelbe nicht austrocknen, einfach mit etwas kaltem Wasser bedecken. Vor Gebrauch lässt man die Eigelbe abtropfen. Sie halten sich 2 Tage im Kühlschrank. Es ist nicht ratsam, sie einzufrieren.

Zero Waste: vorzugsweise Bio-Produkte verwenden. Schalen und das Kraut von Gemüse lassen sich sehr gut einfrieren, um bei Bedarf eine Gemüsebrühe daraus zu kochen.

Pesto: Zur Aufbewahrung mit 0,5 cm Öl bedecken und in einem dicht schließenden Behälter kühl stellen.

Avocado-Dips: Einen Avocadokern in den Dip legen, so wird dieser nicht braun und man kann ihn 24 Stunden aufbewahren.

Frische Kräuter: Sie halten sich in einem gut schließenden Behälter, dabei unten in den Behälter einige angefeuchtete Küchentücher legen. Die Kräuter können auch klein geschnitten eingefroren werden.

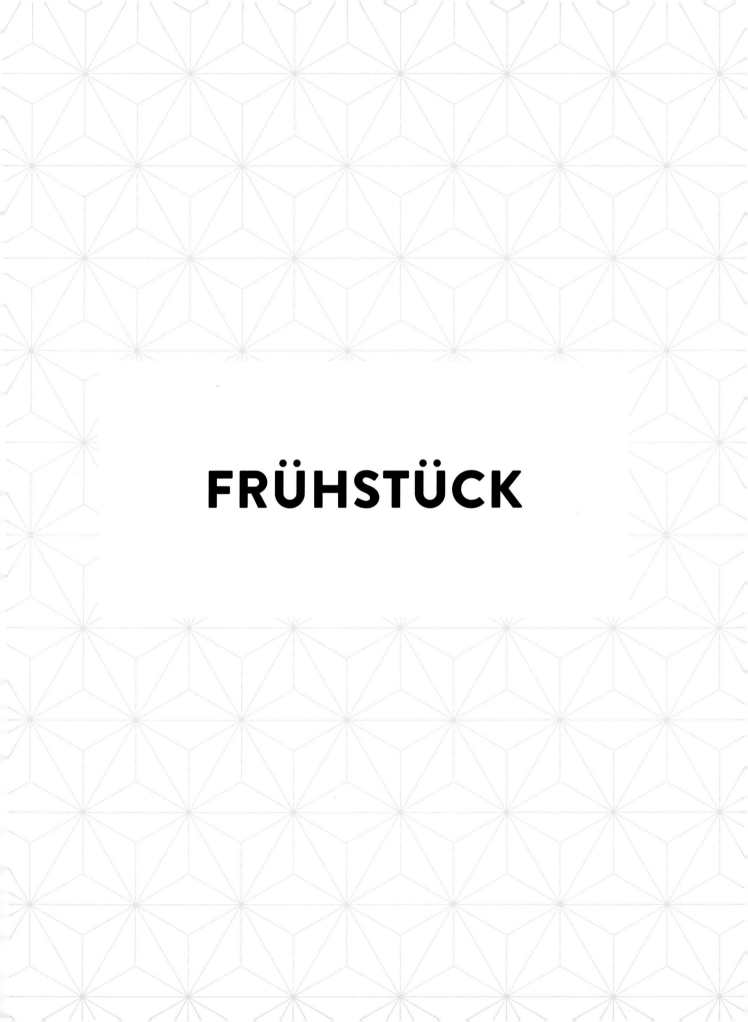

FRÜHSTÜCK

Superleckeres MÜSLI

FÜR CA. 40 PORTIONEN À 25 G (4 GLÄSER À 200 ML)

BACKZEIT

25 MIN.

IN DER KÜCHEN-MASCHINE

5 MIN.

140 g Mandeln

100 g weiße Schokolade

500 g Haferflocken

125 g reife, geschälte Banane

120 g Erdnussbutter (ungezuckert)

75 g rohe Quinoa

1 - Den Backofen auf 180 °C (Ober-/Unterhitze) vorheizen. Ein Backblech mit Backpapier auslegen.

2 - Die Mandeln in den Mixbehälter geben und den Messbecher einsetzen. **4 Sekunden/Stufe 8 zerkleinern.** Haferflocken, rohe Quinoa, Kokosraspel und Salz dazugeben, den Messbecher einsetzen. **Linkslauf/45 Sekunden/Stufe 2 vermischen.** In eine Schüssel umfüllen.

3 - Die Banane, die Erdnussbutter, den Agavendicksaft, das Kokosöl und den Zimt in den Mixbehälter geben, den Messbecher einsetzen und **2 Minuten/Stufe 1/80 °C erwärmen.** Die Mischung aus den trockenen Zutaten dazugeben, den Messbecher einsetzen. **Linkslauf/45 Sekunden/Stufe 2 vermischen.** Mit dem Spatel nach unten schieben. Vorgang wiederholen, bis sich alle Zutaten gut vermischt haben.

4 - Die Masse auf dem Backblech verteilen. 20 Minuten im Ofen backen, nach der Hälfte der Backzeit wenden.

5 - Die weiße Schokolade in grobe Stücke brechen und in den Mixer geben, den Messbecher einsetzen. **4 Sekunden/Stufe 7 zerkleinern.**

6 - Nach den 20 Minuten Backzeit die Schokolade auf dem Müsli verteilen und weitere 5 Minuten backen. Durchmischen und außerhalb des Backofens erkalten lassen. Das Müsli hält sich in einem verschlossenen Glas 1 Monat lang.

Und außerdem ...

35 g Kokosraspel
1 Prise Salz
75 g Agavendicksaft oder flüssiger Honig
45 g Kokosöl
1 EL Zimt

Wohltuendes
BIRCHERMÜSLI

FÜR
4 PERS.

IN DER KÜCHEN-
MASCHINE
10 MIN.

480 g Mandeldrink
oder Schoko-Mandel-
Drink (S. 27)

4 TL Chiasamen

1 TL Salz

180 g Haferflocken

4 TL Honig

4 TL Tahin

1 - Haferflocken, Chiasamen, Tahin, Honig, Salz, Mandeldrink und 400 g Wasser in den Mixbehälter geben. Ohne eingesetzten Messbecher **10 Minuten/Stufe 2/95 °C kochen.**

2 - In Frühstücksschalen gießen und als Topping zum Beispiel Mandel-Honig-Aufstrich (S. 20) und »Himbeerkonfitüre« mit Chiasamen (S. 22) darauf verteilen. Ihrer Fantasie sind keine Grenzen gesetzt!

Dunkles BROT

FÜR	BACKZEIT
1 BROT (CA. 400 G)	**55 MIN.**
IN DER KÜCHEN-MASCHINE **2 MIN.**	RUHEZEIT **2 STD.**

65 g Haselnüsse

4 EL Flohsamenschalen

145 g Haferflocken

80 g Leinsamen

135 g Sonnenblumenkerne

2 EL Kokosöl

1 - Den Leinsamen in den Mixbehälter geben, den Messbecher einsetzen, **4 Sekunden/Turbo-Taste zerkleinern.** Mit dem Spatel nach unten schieben. Sonnenblumenkerne, Haselnüsse, Haferflocken, Chiasamen, Flohsamenschalen und Fleur de Sel hinzufügen und den Messbecher wieder einsetzen. **Linkslauf/45 Sekunden/ Stufe 2 verrühren.** In eine Schüssel umfüllen und beiseitestellen.

2 - Honig, Kokosöl und 400 g Wasser in den Mixbehälter geben, den Messbecher einsetzen, **4 Sekunden/Stufe 7 mixen.** Die Mischung aus trockenen Zutaten dazugeben und **1 Minute 30 Sekunden/ Teigknet-Taste kneten.**

3 - Sobald sich die Zutaten gut verbunden haben, den Teig in eine mit Backpapier ausgelegte Kastenform füllen und 2 Stunden bei Zimmertemperatur ruhen lassen.

4 - Den Backofen auf 175 °C Umluft (195 °C Ober-/Unterhitze) vorheizen. Wenn der Teig gut zusammenhält, 20 Minuten im Ofen backen. Anschließend das Brot aus der Form nehmen und bei 155 °C Umluft (175 °C Ober-/Unterhitze) weitere 35 Minuten backen.

5 - Das erkaltete Brot in dünne Scheiben schneiden. Mit »Himbeerkonfitüre« mit Chiasamen (S. 22) oder mit Mandel-Honig-Aufstrich (S. 20) servieren. In ein Geschirrtuch geschlagen hält sich das Brot 5 Tage.

Und außerdem ...

2 EL Chiasamen
1 TL Fleur de Sel
1 EL Honig

Banana- **BREAD**

FÜR
6 PERS.

BACKZEIT
55 MIN.

IN DER KÜCHEN-MASCHINE
2 MIN.

25 g Kakaopulver (ungezuckert)

210 g Mehl

300 g sehr reife Banane, geschält, in Scheiben geschnitten

80 g Kokosöl

40 g dunkle Schokotropfen

30 g gemahlene Mandeln

Und außerdem ...

2 TL Backpulver
½ TL Natron
2 TL Zimt
½ TL Salz
1 TL Vanilleextrakt
225 g warmes Wasser
170 g brauner Zucker
40 g gehackter Nugat

1 - Den Backofen auf 175 °C (Ober-/Unterhitze) vorheizen. Eine Kastenform mit Backpapier auslegen.

2 - Mehl, gemahlene Mandeln, Backpulver, Natron, Zimt und Salz in den Mixbehälter geben, den Messbecher einsetzen. **10 Sekunden/Stufe 4 vermischen.** Mit dem Spatel nach unten schieben. Mischung in eine Schüssel füllen und beiseitestellen.

3 - Bananenscheiben, Kokosöl, Vanilleextrakt, Kakaopulver, das warme Wasser und den braunen Zucker in den Mixbehälter geben, den Messbecher einsetzen. **10 Sekunden/Stufe 4 mixen.** Mit dem Spatel nach unten schieben.

4 - Die Mischung aus trockenen Zutaten dazugeben, den Messbecher einsetzen. **45 Sekunden/Stufe 4 kneten.** Die Zutaten sollen sich gut verbinden. 20 g Nugat dazugeben, den Messbecher einsetzen. **Linkslauf/20 Sekunden/Stufe 4 vermischen.**

5 - Den Teig in die Backform füllen und mit den Schokotropfen und den restlichen 20 g Nugat bestreuen.

6 - Brot 55 Minuten im Ofen backen. Das Banana-Bread ist fertig, wenn eine Messerspitze beim Herausziehen sauber bleibt.

7 - 10 Minuten in der Form abkühlen lassen, anschließend den Kuchen aus der Form nehmen und auf einem Gitter vollständig erkalten lassen.

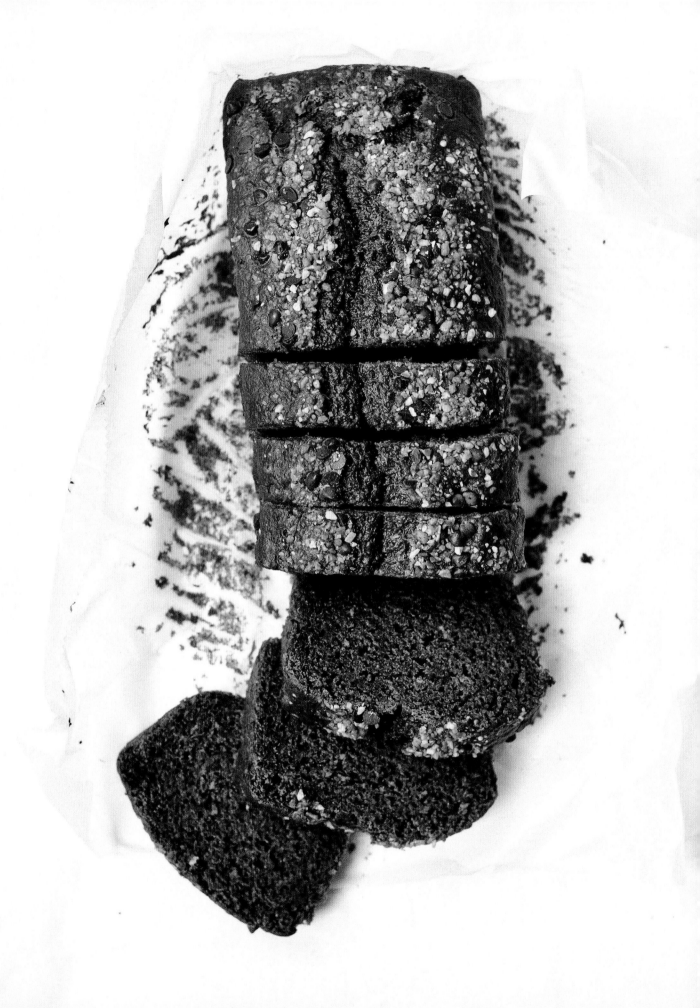

Mandel-Honig- AUFSTRICH

FÜR 1 TÖPFCHEN (250 G)

BACKZEIT 15 MIN.

IN DER KÜCHEN-MASCHINE 4 MIN.

130 g Mandeln

1 Prise Salz

80 g flüssiger Honig

1 - Den Backofen auf 170 °C (Ober-/Unterhitze) vorheizen.

2 - Die Mandeln auf einem Backblech verteilen und 15 Minuten in den Ofen schieben. Von Zeit zu Zeit wenden.

3 - Die abgekühlten gerösteten Mandeln in den Mixbehälter geben und den Messbecher einsetzen. **30 Sekunden/Stufe 7 zerkleinern.** Mit dem Spatel nach unten schieben. Den Vorgang fünf- oder sechsmal wiederholen, bis die Mandeln fein gemahlen sind.

4 - Den flüssigen Honig und das Salz dazugeben, den Messbecher wieder einsetzen. **20 Sekunden/Stufe 1 verrühren,** die Konsistenz soll der eines Aufstrichs entsprechen.

5 - Der Aufstrich hält sich in einem verschlossenen Glas 1 Monat.

»Himbeerkonfitüre«
MIT CHIASAMEN

FÜR
1 GLAS
(500 ML)

IN DER KÜCHEN-MASCHINE
16 MIN.

EINWEICHZEIT
10 MIN.

RUHEZEIT
2 STD.

Zutaten

25 g Chiasamen
80 g flüssiger Honig
500 g Himbeeren (alternativ: TK-Himbeeren)

1 - In einer Schüssel die Chiasamen und den Honig mischen und ca. 10 Minuten ruhen lassen.

2 - Die Himbeeren und 240 g Wasser in den Mixbehälter geben und den Messbecher einsetzen. **15 Minuten/Stufe 2/110 °C kochen.** Mit dem Spatel nach unten schieben.

3 - Zwei Drittel der gekochten Himbeeren herausnehmen, den Messbecher wieder einsetzen. **15 Sekunden/Stufe 6 mixen.** Mit dem Spatel nach unten schieben.

4 - Die restlichen nicht gemixten Himbeeren und die Chiasamen-Honig-Mischung dazugeben, den Messbecher einsetzen. **Linkslauf/15 Sekunden/Stufe 1 vermischen.** In eine Schüssel füllen und 2 Stunden im Kühlschrank ruhen lassen. Die Konsistenz soll der einer Konfitüre entsprechen. Die Konfitüre in ein gut schließendes Glas füllen. Sie hält sich im Kühlschrank 8–10 Tage.

APFELMUS

FÜR
2 GLÄSER
(À 250 ML)

IN DER KÜCHEN-
MASCHINE
44 MIN.

Zutaten

8 Äpfel (z. B. Boskop, Elstar)
170 g Ahornsirup
120 g Butter
Saft und Schale von 1 Bio-Zitrone
1 TL Zimt
1 Prise Salz

1 - Die Äpfel schälen, vierteln und dabei
Kerngehäuse entfernen.

2 - Die Äpfel in den Mixbehälter geben und den
Messbecher einsetzen. **9 Sekunden/Stufe 7
zerkleinern**, dann **3 Minuten/Stufe 2/100 °C
kochen.**

3 - Ahornsirup, Butter, Zitronensaft und
abgeriebene Zitronenschale, Zimt und Salz
dazugeben, ohne eingesetzten Messbecher
40 Minuten/Stufe 3/120 °C kochen. Den
Dampfgaraufsatz als Spritzschutz aufsetzen.

4 - Nach dem Kochen den Messbecher wieder
einsetzen und **10 Sekunden/Stufe 4 mixen.**
Mit dem Spatel nach unten schieben.

*Hält sich in einem gut schließenden Glas im
Kühlschrank bis zu 2 Wochen.*

Rosa
SMOOTHIE

FÜR 4 GLÄSER	TIEFKÜHLUNG **2 STD.**
IN DER KÜCHEN- MASCHINE **1 MIN.**	

80 g Himbeeren

400 g Haferdrink
(ungezuckert)

120 g geschälte Banane

Saft von ½ Limette

8 g frischer, geschälter
Ingwer

1 EL Honig

1 - Für einen cremigen und besonders gehaltvollen Smoothie die geschälte und in große Stücke geschnittene Banane und die Himbeeren in einem Gefrierbeutel mindestens 2 Stunden in die Gefriertruhe legen.

2 - Den Ingwer in den Mixbehälter geben, den Messbecher einsetzen und **2 Sekunden/Turbo-Taste zerkleinern.** Mit dem Spatel nach unten schieben. Die gefrorenen Bananenstücke und Himbeeren, den Haferdrink, Limettensaft und Honig hinzufügen. Den Messbecher einsetzen. **40 Sekunden/Stufe 10 mixen.**

Chai
LATTE

Zutaten

2 TL Zimt
1 TL Kardamomsamen
1 TL Gewürznelken
900 g Milch oder Mandeldrink (ungezuckert)
40 g Ahornsirup
2 Teebeutel schwarzer Tee

1 - Zimt, Kardamomsamen und Gewürznelken in den Mixbehälter geben, den Messbecher einsetzen. **5 Sekunden/Stufe 8 mixen.** Mit dem Spatel nach unten schieben.

2 - Die Milch, den Ahornsirup und den Inhalt der beiden Beutel Schwarztee dazugeben. Den Messbecher einsetzen und **7 Minuten/ Stufe 1/90 °C erhitzen.**

3 - Das Getränk durch ein Spitzsieb filtern. Für ein besonders schaumiges Ergebnis den Chai Latte zurück in den Mixbehälter gießen. Den Messbecher einsetzen und **20 Sekunden/ Stufe 9 mixen.**

Schoko-
MANDEL-DRINK

FÜR
1 FLASCHE
(750 ML)

IN DER KÜCHEN-
MASCHINE
2 MIN.

EINWEICHZEIT
1 NACHT
+ 30 MIN.

Zutaten

150 g ganze ungeschälte Mandeln
3 getrocknete Datteln
700 g Wasser, aufgekocht und abgekühlt
5 EL Kakaopulver (ungezuckert)

1 - Die Mandeln über Nacht in einer Schüssel
mit Wasser einweichen. Die Datteln
30 Minuten lang einweichen. Das
Einweichwasser wegschütten.

2 - Die Mandeln in den Mixbehälter geben, den
Messbecher einsetzen und **10 Sekunden/
Stufe 10 zerkleinern.** Das aufgekochte und
abgekühlte Wasser, die entkernten Datteln
und das Kakaopulver dazugeben. Den Messbecher wieder einsetzen und **1 Minute/
Stufe 10 mixen.** Die so erzielte »Milch« durch
ein Spitzsieb passieren, dabei das
Fruchtfleisch gut ausdrücken. Fertig!

*Das verbleibende Fruchtfleisch aufheben. Man
kann damit beispielsweise in einem Schoko-
kuchen Eier oder Mehl ersetzen.*

Rührei mit Cheddar
UND KRÄUTERN

FÜR
4 PERS.

IN DER KÜCHEN-
MASCHINE
13 MIN.

80 g Cheddar, gerieben

20 g Schnittlauch

20 g Butter

50 g Vollmilch

6 Eier

20 g glatte Petersilie

1 - Schnittlauch und Petersilie waschen, trocken schütteln und in den Mixbehälter geben. Den Schnittlauch in ½ cm lange Rollen schneiden. (Ganze Halme verheddern sich in den Messern.) Den Messbecher einsetzen und die Kräuter **5 Sekunden/Stufe 5 zerkleinern.** Mit dem Spatel nach unten schieben. In eine Schüssel füllen und beiseitestellen.

2 - Die klein geschnittene Butter in den Mixbehälter geben, den Messbecher einsetzen und **2 Minuten/Stufe 1/50 °C zerlassen.** Mit einem Pinsel die zerlassene Butter auf den Wänden des Mixbehälters bis auf eine Höhe von ca. 10 cm verstreichen.

3 - Eier, Milch, Salz und Pfeffer dazugeben, den Rühraufsatz und den Messbecher einsetzen. **30 Sekunden/Stufe 4 schlagen.** Dann ohne eingesetzten Messbecher **Linkslauf/8 Minuten/Stufe 2/90 °C braten.** Den Cheddar dazugeben, den Messbecher einsetzen. Erneut **Linkslauf/2 Minuten/Stufe 2/90 °C braten.**

4 - Wenn die Konsistenz passt, die klein geschnittenen Kräuter dazugeben und den Messbecher einsetzen. **10 Sekunden/Stufe 2 verrühren.**

Und außerdem ...

Salz
Pfeffer

Scones mit
GRUYÈRE UND BACON

FÜR
10–12 SCONES

BACKZEIT
20 MIN.

IN DER KÜCHEN-MASCHINE
3 MIN.

RUHEZEIT
30 MIN.

500 g Mehl

100 g Bacon

125 g Butter

200 g Gruyère, gerieben

300 g Milch

15 g Backpulver

1 - Den Bacon in den Mixbehälter geben, den Messbecher einsetzen und **6 Sekunden/Stufe 8 zerkleinern.** In eine Schüssel füllen und beiseitestellen.

2 - Mehl, Backpulver, Zucker und Salz in den Mixbehälter geben und den Messbecher einsetzen. **Linkslauf/10 Sekunden/Stufe 5 vermischen.** Die klein geschnittene Butter dazugeben, den Messbecher einsetzen und **15 Sekunden/Stufe 5 vermischen.**

3 - Die Milch, den gehackten Bacon, den geriebenen Gruyère und Thymian dazugeben, den Messbecher wieder einsetzen und **2 Minuten/Teigknet-Taste kneten.**

4 - Den Teig auf der bemehlten Arbeitsfläche 3 cm dick ausrollen. Aus dem Teig mit einem Ausstecher Kreise mit 5–7 cm Durchmesser ausstechen oder den Teig zu einem großen Kreis ausrollen und in »Kuchenstücke« schneiden. Die Scones auf ein mit Backpapier belegtes Backblech legen und 30 Minuten kalt stellen.

5 - Den Backofen auf 200 °C vorheizen (Ober-/Unterhitze).

6 - Das Ei mit 1 Esslöffel Wasser und 1 Prise Salz verschlagen und die Scones damit bepinseln.

7 - Die Scones 15–20 Minuten im Ofen backen.

Und außerdem ...

2 TL Zucker
1 TL Salz
2 TL getrockneter Thymian
Zum Bestreichen
1 Ei
1 Prise Salz

GEMEINSAM GENIESSEN

Avocado- PISTAZIEN-DIP

FÜR
4 PERS.

IN DER KÜCHEN-MASCHINE
1 MIN.

2 Avocados

1 TL Salz

80 g Olivenöl

Saft von ½ Zitrone

½ Bund Koriander

50 g ungesalzene Pistazien

Und außerdem ...

Pfeffer

1 - Den Koriander waschen und trocken schütteln. Vom Koriander und den Pistazien etwas zum Garnieren aufheben. Die Avocados schälen, entkernen und mit den Pistazien, Olivenöl, Zitronensaft, Koriander, Salz und Pfeffer in den Mixbehälter geben. Den Messbecher einsetzen und **1 Minute/Stufe 6 mixen.**

2 - Mit ein paar grob gehackten Pistazien und klein geschnittenem Koriander garniert servieren.

Süßkartoffel-
KAROTTEN-HUMMUS

FÜR
4 PERS.

IN DER KÜCHEN-
MASCHINE
16 MIN.

2 Knoblauchzehen

2 Karotten

Saft von ½ Zitrone

200 g Süßkartoffel

125 g Kichererbsen
aus der Dose

2 EL Tahin

1 - Karotten und Süßkartoffel schälen, in Stücke bzw. Würfel schneiden.

2 - 500 g Wasser in den Mixbehälter füllen. Karotten und Süßkartoffel in den tiefen Dampfgaraufsatz geben. Alles mit Salz und Zucker würzen. Den Dampfgaraufsatz mit Deckel aufsetzen und **15 Minuten/Dampfgar-Taste dämpfen.**

3 - Den Mixbehälter leeren. Karotten, Süßkartoffel, Olivenöl, Tahin, die geschälten Knoblauchzehen ohne Keim, Zitronensaft, Kichererbsen und Pfeffer hineingeben. Den Messbecher einsetzen und **30 Sekunden/Stufe 6 pürieren.**

Und außerdem ...

1 TL Salz
1 TL Zucker
20 g Olivenöl
Pfeffer

Ricotta-
DIP

FÜR
4 PERS.

BACKZEIT
12 MIN.

IN DER KÜCHEN-MASCHINE
7 MIN.

50 g Olivenöl

3 Knoblauchzehen

½ TL Chilipulver

80 g Parmesan

400 g Ricotta

3 Stängel Thymian

1 - Den Backofen auf 250 °C (Ober-/Unterhitze) vorheizen.

2 - Den klein geschnittenen Parmesan in den Mixbehälter geben, den Messbecher einsetzen und **5 Sekunden/Stufe 5 zerkleinern.** Mit dem Spatel nach unten schieben.

3 - Die geschälten Knoblauchzehen ohne Keim und die abgezupften Thymianblättchen dazugeben. Den Messbecher wieder einsetzen und **5 Sekunden/Stufe 5 zerkleinern.** Mit dem Spatel nach unten schieben.

4 - Ricotta, Zitronenschale, Chilipulver, Olivenöl, Salz und Pfeffer hinzufügen. Den Messbecher wieder einsetzen und **6 Minuten/ Stufe 2/100 °C vermischen.**

5 - Dip in eine feuerfeste Form füllen und 12 Minuten im Ofen backen. Mit knackigem Gemüse, Crackern oder Brotsticks servieren.

Und außerdem ...

Schale von 1 Bio-Zitrone
1 TL Salz
Pfeffer
Gemüse, Cracker oder
Brotsticks zum Dippen

Käsecracker
MIT KÖRNERN

FÜR
4 PERS.

BACKZEIT
20 MIN.

IN DER KÜCHEN-
MASCHINE
3 MIN.

2 EL Sesamsamen

15 g Haferflocken

1 EL Kräuter der
Provence

65 g Buchweizenmehl

1 TL Kürbiskerne

1 EL
Sonnenblumenkerne

1 - Den Backofen auf 180 °C (Ober-/Unterhitze) vorheizen.

2 - Mehl, Sonnenblumenöl und 65 g Wasser in den Mixbehälter geben. Den Messbecher einsetzen und **5 Sekunden/Stufe 5 mixen.** Mit dem Spatel nach unten schieben.

3 - Die Kräuter der Provence, 1 Teelöffel Fleur de Sel, Kürbiskerne, Sesamsamen, Sonnenblumenkerne und Haferflocken dazugeben, den Messbecher einsetzen und **Linkslauf/2 Minuten/Stufe 3 kneten.**

4 - Den Teig zwischen 2 Blättern Backpapier 3 mm dünn ausrollen. Das obere Backpapier abziehen, mit einem Messer 3 x 3 cm große Quadrate vorzeichnen und den Teig mit 1 Teelöffel Fleur de Sel und dem geriebenen Gruyère bestreuen. Teig mit dem Backpapier auf ein Blech ziehen und 20 Minuten im Ofen backen. Abkühlen lassen, dann die Cracker auseinanderschneiden.

Und außerdem ...

25 g Sonnenblumenöl
2 TL Fleur de Sel
20 g Gruyère, gerieben

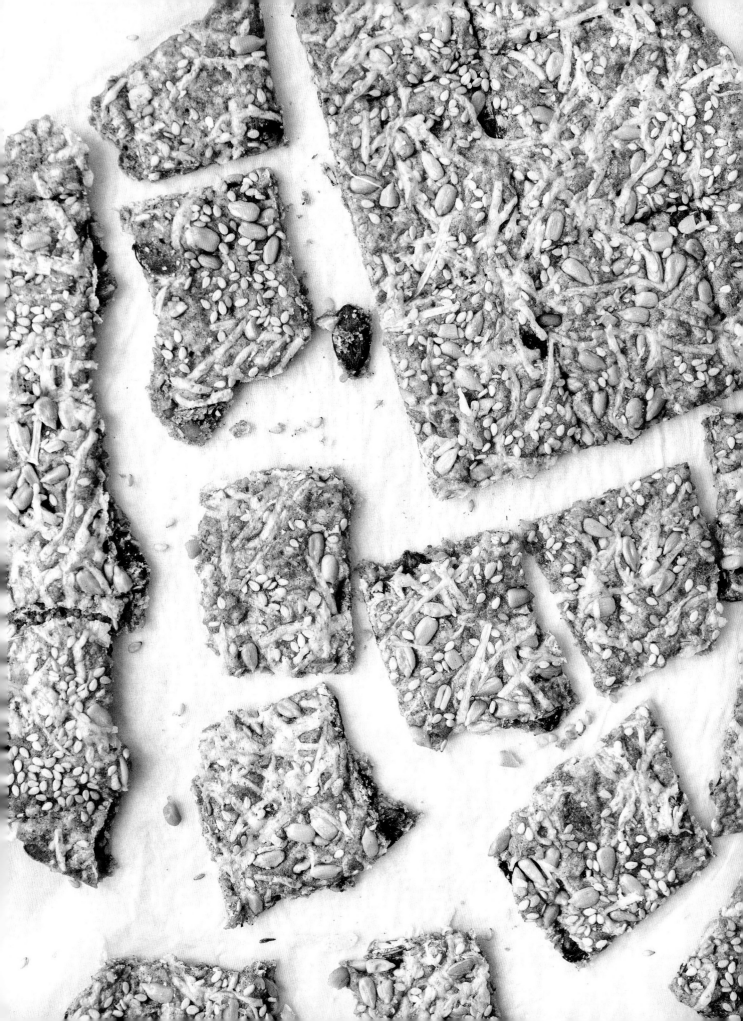

Spinatkuchen mit MOZZARELLA UND KÖRNERN

FÜR EINE KASTENFORM VON CA. 24 CM

BACKZEIT 45 MIN.

IN DER KÜCHENMASCHINE 3 MIN.

180 g Mehl

100 g Babyspinat

2 EL Körnermischung

2 EL grünes oder rotes Pesto (fertig gekauft oder von S. 202)

3 Eier

1 Kugel Mozzarella

1 - Den Backofen auf 180 °C (Ober-/Unterhitze) vorheizen. Die Kastenform mit Backpapier auslegen.

2 - Den gewaschenen und trocken geschüttelten Babyspinat in den Mixbehälter geben. Den Messbecher einsetzen und **10 Sekunden/ Stufe 5 zerkleinern.** Mit dem Spatel nach unten schieben.

3 - Mehl, Backpulver, Olivenöl, Milch, Pesto, Eier, Salz und Pfeffer dazugeben. Den Messbecher wieder einsetzen und alles **45 Sekunden/Stufe 4** zu einem homogenen Teig verarbeiten. Mit dem Spatel nach unten schieben.

4 - Den klein geschnittenen Mozzarella und 1 Esslöffel Körnermischung hinzufügen, den Messbecher wieder einsetzen und **Linkslauf/ 2 Minuten/Stufe 2 verrühren.**

5 - Den Teig in die Kastenform füllen und mit 1 Esslöffel Körnermischung bestreuen. 45 Minuten im Ofen backen.

Und außerdem ...

1 Päckchen Backpulver
50 g Olivenöl
90 g Milch
1 TL Salz
Pfeffer

Cheddar-Rollen mit
ESTRAGON UND HONIG

FÜR
8 PERS.

KÜHLZEIT
15 MIN.

IN DER KÜCHEN-MASCHINE
1 MIN.

BACKZEIT
35 MIN.

400 g Cheddar

1 TL Salz

10 Stängel Estragon

4 EL flüssiger Honig

2 rechteckige Stücke
Pizzateig (fertig gekauft
oder von S. 210)

150 g stückige Tomaten
aus der Dose

1 - Falls nicht bereits geriebener Cheddar verwendet wird, den Cheddar in den Mixbehälter geben, den Messbecher einsetzen und **5 Sekunden/Stufe 5 zerkleinern.** Mit dem Spatel nach unten schieben. Den Estragon von den Stängeln abzupfen und die Blätter hinzufügen, den Messbecher wieder einsetzen und **5 Sekunden/Stufe 5 zerkleinern.** Mit dem Spatel nach unten schieben.

2 - Den Honig, die Tomaten, Salz und Pfeffer dazugeben. Den Messbecher wieder einsetzen und **Linkslauf/30 Sekunden/Stufe 3 verrühren.**

3 - Die Pizzateige auslegen bzw. jeweils zu einem Rechteck ausrollen, mit der Mischung bestreichen und aufrollen. Den Rand zum Verschließen jeweils gut andrücken.

4 - Die Rolle 15 Minuten in die Gefriertruhe legen.

5 - Den Backofen auf 180 °C (Ober-/Unterhitze) vorheizen.

6 - Die Rollen aus der Gefriertruhe nehmen, in ca. 3 cm dicke Scheiben schneiden und in eine mit Backpapier ausgelegte Backform setzen. 35 Minuten im Ofen backen. Heiß servieren.

Und außerdem ...

Pfeffer

Hähnchen- ACCRAS

FÜR	KÜHLZEIT
4 PERS.	**1 STD.**

IN DER KÜCHEN-MASCHINE	BRATZEIT
4 MIN.	**15 MIN.**

125 g Mehl

250 g Hähnchenbrust

½ Bund Koriander

2 EL Kokosmilch

1 Ei

30 g Kokosraspel

1 - Die Hähnchenbrust in etwa 1,5 cm große Stücke schneiden, auf einem gefrierfesten Teller ausbreiten und im Gefrierfach 1 Stunde anfrieren lassen. In den Mixbehälter geben, den Messbecher einsetzen und **10 Sekunden/Stufe 5 zerkleinern.** In eine Schüssel umfüllen und beiseitestellen.

2 - Die Knoblauchzehe schälen und den Keim entfernen, die Schalotten schälen und halbieren, den Koriander waschen und trocken schütteln. Alles in den Mixbehälter geben, den Messbecher einsetzen und **5 Sekunden/Stufe 5 zerkleinern.** Mit dem Spatel nach unten schieben.

3 - Das Hähnchenfleisch dazugeben, den Messbecher wieder einsetzen und **Linkslauf/1 Minute/Stufe 2 vermischen.**

4 - Mehl, Ei, Kokosmilch, Kokosraspel, Chilipulver, Salz und Pfeffer hinzufügen. Den Messbecher wieder einsetzen und **Linkslauf/2 Minuten/Stufe 2 verrühren.** Die Mischung 1 Stunde in den Kühlschrank stellen.

5 - Das Öl in einer Pfanne erhitzen. Mit einem Esslöffel Teig abstechen und in die Pfanne geben. Die Accras braten, bis sie von allen Seiten schön goldbraun sind.

6 - Mit einer säuerlichen Soße servieren, beispielsweise Chimichurri-Soße (S. 201).

Und außerdem ...

1 Knoblauchzehe
2 Schalotten
½ TL Chilipulver
2 TL Salz
Pfeffer
300 ml Frittieröl
Säuerliche Soße, z. B. Chimichurri-Soße (S. 201)

Überraschungs-
KÄSE

FÜR
4 PERS.

RUHEZEIT
12 STD.

IN DER KÜCHEN-
MASCHINE
1 MIN.

1 Rohmilch-
Camembert

60 g Feigen
(getrocknet und
geviertelt)

30 g Cashewkerne

100 g Mascarpone

30 g Pistazien
(ungesalzen)

Pfeffer

1 - Pistazien, Cashewkerne und Feigen in den Mixbehälter geben. Den Messbecher einsetzen, **15 Sekunden/Stufe 5 zerkleinern.** Mit dem Spatel nach unten schieben.

2 - Mascarpone und Pfeffer dazugeben, den Messbecher wieder einsetzen und **Linkslauf/15 Sekunden/Stufe 3 verrühren.**

3 - Den Camembert waagerecht in der Mitte durchschneiden, die Mischung gleichmäßig auf der unteren Hälfte verteilen, dann die obere Hälfte wieder aufsetzen und den Rand glatt streichen.

4 - Den Camembert in Frischhaltefolie wickeln und 12 Stunden kalt stellen.

Frischkäse-
BÄLLCHEN

FÜR
4 PERS.

RUHEZEIT
30 MIN.

IN DER KÜCHEN-MASCHINE
1 MIN.

½ Bund Kerbel

½ Bund Schnittlauch

250 g Ziegenfrischkäse

1 TL Paprikapulver

80 g Pinienkerne

80 g Pistazien
(ungesalzen)

1 - Schnittlauch waschen, trocken schütteln und in ½ cm lange Röllchen schneiden. Kerbel waschen und trocken schütteln. Die Kräuter mit den Pinienkernen und den Pistazien in den Mixbehälter geben. Den Messbecher einsetzen und **8 Sekunden/Stufe 8 zerkleinern.** Mit dem Spatel nach unten schieben. Ein Drittel der Mischung in eine Schüssel füllen und beiseitestellen.

2 - Den Frischkäse, das Paprikapulver und den Pfeffer dazugeben. Den Messbecher wieder einsetzen und **Linkslauf/30 Sekunden/Stufe 2 verrühren.**

3 - Mischung 30 Minuten kalt stellen, dann kleine Käsekugeln mit ca. 2 cm Durchmesser formen. Die Kugeln in der restlichen Kräutermischung wälzen.

Und außerdem ...

Pfeffer

Margarita- MOCKTAIL

FÜR
4 PERS.

IN DER KÜCHEN-MASCHINE
27 MIN.

250 g Zucker + 1 EL

½ Gurke

500 ml Wasser mit Kohlensäure

2 cm Ingwer

12 Eiswürfel

1 Jalapeño-Chilischote

1 - Die Jalapeño waschen, halbieren und entkernen. Den Ingwer schälen und in Scheiben schneiden. Die halbe Gurke waschen, grob in Stücke schneiden und in den Mixbehälter geben. Mit eingesetztem Messbecher **5 Sekunden/Stufe 3 zerkleinern.** In eine Schüssel füllen und beiseitestellen.

2 - 250 g Zucker und 250 g Leitungswasser in den Mixbehälter geben, den Messbecher einsetzen und **10 Minuten/Stufe 1/100 °C kochen lassen.** Die gemixte Gurke, den Ingwer und die Jalapeño dazugeben, ohne Deckel **16 Minuten/Stufe 2/105 °C köcheln lassen.** In ein passendes Gefäß umfüllen und abkühlen lassen. Den Sirup filtern.

3 - 12 Eiswürfel, den Limettensaft und 8 Esslöffel Sirup in den Mixbehälter geben. Den Messbecher einsetzen und **10 Sekunden/ Stufe 7 mixen.**

4 - Auf einem Teller Fleur de Sel, 1 Esslöffel Zucker, Paprikapulver, Chilipulver und die abgeriebene Limettenschale mischen. Mit dem Limettenviertel den Rand von 4 Gläsern befeuchten und jedes Glas mit dem Rand in die süß-herzhafte Mischung tauchen.

5 - Den Mocktail auf die Gläser verteilen, jedes Glas mit 125 g Sprudelwasser auffüllen und servieren.

Und außerdem ...

250 g Bio-Limettensaft + die Schale von 1 Bio-Limette
2 EL Fleur de Sel
2 TL Paprikapulver
1 TL Chilipulver
1 Limettenviertel

LEICHT UND GESUND

Knackiger Salat mit
MINZE UND GARNELEN

FÜR
4 PERS.

MARINIERZEIT
1 STD.

IN DER KÜCHEN-MASCHINE
13 MIN.

20 geschälte Garnelen

2 Frühlingszwiebeln

Saft von ½ Zitrone

2 Zucchini

4 Stängel Minze

150 g Erbsen

1 - In einer Schüssel die Asiatische Marinade über die geschälten Garnelen gießen und 1 Stunde kalt stellen.

2 - 500 g Wasser in den Mixbehälter füllen, die Erbsen in den tiefen Dampfgaraufsatz und die Garnelen in den flachen Dampfgaraufsatz geben.

3 - Beide Dampfgaraufsätze aufsetzen und **10 Minuten/Dampfgar-Taste dämpfen.** Die Erbsen anschließend in Eiswasser geben und ebenso wie die Garnelen beiseitestellen.

4 - Die Frühlingszwiebeln waschen, putzen, in grobe Stücke schneiden und in den Mixbehälter geben. Den Messbecher einsetzen und **10 Sekunden/Stufe 5 zerkleinern.**

5 - Einige Minzeblätter waschen, zerkleinern und zur Seite legen. Die Zucchini waschen, putzen, in Stücke schneiden und mit den Erbsen und den restlichen Minzeblättern dazugeben. Den Messbecher einsetzen und **9 Sekunden/Stufe 6 zerkleinern.**

6 - Das Olivenöl und den Zitronensaft, Salz und Pfeffer dazugeben. Den Messbecher einsetzen und **Linkslauf/2 Minuten/Stufe 2 vermischen.**

7 - Mit den Garnelen und der klein geschnittenen Minze servieren. Sesamsamen darüberstreuen.

Und außerdem ...

150 ml Asiatische Marinade (S. 201)
1 EL Olivenöl
2 EL Sesamsamen
Salz
Pfeffer

Gemüse-Taboulé MIT HÄHNCHEN-GESCHNETZELTEM

FÜR
4 PERS.

IN DER KÜCHEN-MASCHINE
17 MIN.

1 rote Zwiebel

2 Hähnchenbrustfilets

½ Brokkoli

½ Blumenkohl

2 Bio-Zitronen

1 Gurke

1 - Die Brokkoli- und Blumenkohlröschen waschen und in den Mixbehälter geben, den Messbecher einsetzen und **2 x 10 Sekunden/Stufe 5 zerkleinern.** Zwischendurch und danach mit dem Spatel nach unten schieben. In eine Schüssel füllen und beiseitestellen.

2 - Die rote Zwiebel schälen und vierteln, die Gurke waschen, in große Stücke schneiden und zusammen mit der zuvor gewaschenen und trocken geschüttelten Minze und Petersilie in den Mixbehälter geben. Den Messbecher wieder einsetzen und **10 Sekunden/Stufe 5 zerkleinern.** Mit dem Spatel nach unten schieben.

3 - Die Rosinen, die Körnermischung, den Gemüsemix, 1 Teelöffel Salz, Pfeffer, Olivenöl, den Saft von 2 Zitronen und die abgeriebene Schale von 1 Zitrone dazugeben. Den Messbecher einsetzen und **Linkslauf/30 Sekunden/Stufe 2 vermischen.** Mit dem Spatel nach unten schieben. In einer Schüssel kalt stellen.

4 - 1000 g Wasser in den Mixbehälter füllen. Die Hähnchenbrustfilets waschen, trocken tupfen und in den flachen Dampfgaraufsatz legen. Mit 2 Prisen Salz bestreuen. Den Dampfgaraufsatz aufsetzen und Fleisch **15 Minuten/Dampfgar-Taste dämpfen.**

5 - Nach Ende der Garzeit das Fleisch herausnehmen und abkühlen lassen. Fleisch in schmale Streifen schneiden und in einer großen Schüssel alles gut mischen.

Und außerdem ...

½ Bund Minze
½ Bund Petersilie
2 EL Rosinen
2 EL Körnermischung
20 g Olivenöl
Salz
Pfeffer

Green CHAKCHOUKA

FÜR
4 PERS.

BACKZEIT
12 MIN.

IN DER KÜCHEN-MASCHINE
21 MIN.

80 g Feta

100 g Erbsen

4 Frühlingszwiebeln

200 g Grünkohl

4 Eier

200 g Babyspinat

Und außerdem ...

2 Knoblauchzehen
1 TL Kreuzkümmel
2 EL Olivenöl
1 Zitrone
½ Bund Minze
½ Bund Schnittlauch
Salz
Pfeffer

1 - Die Frühlingszwiebeln putzen, waschen und halbieren, die Knoblauchzehen schälen und die Keime entfernen. Alles in den Mixbehälter geben, den Messbecher einsetzen und **10 Sekunden/Stufe 6 zerkleinern.** Mit dem Spatel nach unten schieben.

2 - Kreuzkümmel und Olivenöl hinzufügen und ohne eingesetzten Messbecher **5 Minuten/100 °C/Anbrat-Taste braten.** Mit dem Spatel nach unten schieben.

3 - Den Backofen auf 170 °C (Ober-/Unterhitze) vorheizen.

4 - Den Grünkohl und den Babyspinat waschen und in grobe Stücke schneiden. Mit den Erbsen, dem Saft von 1 Zitrone, 1 Teelöffel Salz und Pfeffer dazugeben.

5 - Ohne eingesetzten Messbecher **5 Minuten/100 °C/Anbrat-Taste dünsten,** dann den Messbecher einsetzen und **Linkslauf/10 Minuten/Stufe 2/100 °C garen.**

6 - Die Mischung in eine ofenfeste Form füllen, 4 Vertiefungen hineindrücken und in jede Vertiefung 1 Ei aufschlagen. Die Form ca. 12 Minuten in den Ofen schieben und 3 Minuten vor dem Ende der Garzeit die Form abdecken.

7 - Sollte das Eiweiß noch nicht gestockt sein, die Form ein paar Minuten im ausgeschalteten Backofen stehen lassen.

8 - Mit dem zerkrümelten Feta, klein geschnittener Minze und Schnittlauch servieren.

Grüner Wrap mit
HUHN UND APFEL

FÜR
4 PERS.

IN DER KÜCHEN-
MASCHINE
23 MIN.

1 Avocado

4 grüne Crêpes (S. 212)

2 Frühlingszwiebeln

4 Handvoll
Babysalatmischung
oder Rucola

2 Hähnchenbrustfilets

1 Apfel (Granny Smith)

1 - 1000 g Wasser in den Mixbehälter füllen. Die Hähnchenbrustfilets waschen, trocken tupfen und in den flachen Dampfgaraufsatz legen. Mit 2 Prisen Salz und 1 Teelöffel Currypulver bestreuen. Den Dampfgaraufsatz aufsetzen und Fleisch **20 Minuten/Dampfgar-Taste dämpfen.**

2 - Anschließend das Hähnchenfleisch herausnehmen und abkühlen lassen. Den Mixbehälter ausleeren und das in grobe Würfel geschnittene Hähnchenfleisch hineinlegen. Den Messbecher einsetzen und Fleisch **5 Sekunden/Stufe 5 zu Geschnetzeltem zerkleinern.** In eine Schüssel füllen und beiseitestellen.

3 - Die Frühlingszwiebeln putzen, waschen und halbieren, den Apfel waschen, vierteln und das Kerngehäuse entfernen, die Avocado schälen und halbieren, die Minze waschen und trocken schütteln. Alles salzen und pfeffern und in den Mixbehälter geben. Den Messbecher einsetzen und **5 Sekunden/Stufe 5 zerkleinern.** Mit dem Spatel nach unten schieben.

4 - Das Hähnchenfleisch dazugeben, den Messbecher einsetzen und **Linkslauf/2 Minuten/Stufe 2 vermischen.**

5 - 2 Esslöffel der Avocado-Hähnchen-Mischung in die Mitte jedes der wie auf S. 212 beschrieben vorbereiteten Crêpes geben, etwas Leichte Soße und einige gewaschene Salatblätter dazugeben und die Crêpes in der Mitte zusammenklappen.

Und außerdem ...

1 TL Currypulver
4 Stängel Minze
Leichte Soße (S. 201)
Salz
Pfeffer

Fisch-
ROULADEN

**FÜR
4 PERS.**

IN DER KÜCHEN-
MASCHINE
21 MIN.

75 g Feta

400 g Babyspinat

1 Knoblauchzehe

1 EL Olivenöl

75 g Ricotta

4 Seezungenfilets
(à 100 g)

1 - Die geschälte Knoblauchzehe ohne Keim in den Mixbehälter geben, den Messbecher einsetzen und **3 Sekunden/Turbo-Taste zerkleinern.** Mit dem Spatel nach unten schieben.

2 - Das Olivenöl und den gewaschenen Babyspinat dazugeben. Ohne eingesetzten Messbecher **Linkslauf/6 Minuten/Stufe 2/100 °C anbraten.**

3 - Den in Stücke geschnittenen Feta und den Ricotta dazugeben. Den Messbecher einsetzen und **Linkslauf/2 Minuten/Stufe 2 vermischen.** Mit dem Spatel nach unten schieben.

4 - Die Fischfilets abspülen, trocken tupfen und ausbreiten. Salzen und pfeffern. Jedes Filet mit der Füllung bestreichen, aufrollen und mit einem Holzstäbchen fixieren.

5 - Den Mixbehälter spülen, dann 500 g Wasser einfüllen. Den tiefen Dampfgaraufsatz mit feuchtem Pergamentpapier so auslegen, dass die seitlichen Schlitze zur Dampfzirkulation frei bleiben. Die Fisch-rouladen in den Dampfgaraufsatz legen, diesen aufsetzen und **12 Minuten/Dampfgar-Taste dünsten.**

6 - Mit Kartoffelpüree mit Knoblauch servieren (S. 214).

Und außerdem ...

Salz
Pfeffer
Kartoffelpüree mit Knoblauch (S. 214)

Lachs-
BÄLLCHEN

FÜR
4 PERS.

BACKZEIT
15 MIN.

IN DER KÜCHEN-MASCHINE
2 MIN.

2 Frühlingszwiebeln

600 g Lachsfilet

½ Bund Dill

100 g Semmelbrösel

2 cm Ingwer

2 Eier

1 - Den Backofen auf 220 °C (Ober-/Unterhitze) vorheizen.

2 - Das Lachsfilet in grobe Würfel schneiden, die Frühlingszwiebeln waschen, halbieren, die Knoblauchzehen schälen und die Keime entfernen, den Ingwer schälen und in Stücke schneiden, den Dill waschen und trocken tupfen. Mit den Eiern, Sonnenblumenöl, Senf, Salz und abgeriebener Zitronenschale in den Mixbehälter geben. Den Messbecher einsetzen und **4 Sekunden/Turbo-Taste zerkleinern.** Mit dem Spatel nach unten schieben.

3 - Die Semmelbrösel hinzufügen, den Messbecher wieder einsetzen und **Linkslauf/1 Minute/Stufe 2 vermischen.** Mit dem Spatel nach unten schieben. Aus der Mischung mit angefeuchteten Händen kompakte Bällchen formen.

4 - Die Bällchen auf ein mit Backpapier ausgelegtes Backblech legen und 15 Minuten im Ofen backen. Zwischendurch 1–2 Mal wenden. Beispielsweise mit Chimichurri-Soße (S. 201) servieren.

Und außerdem ...

2 Knoblauchzehen
1 EL Sonnenblumenöl
1 EL Dijon-Senf
Schale von 1 Bio-Zitrone
1 TL Salz
Ev. Chimichurri-Soße (S. 201)

Chinesische Suppe
MIT DAMPFGEGARTEM
HÄHNCHENFLEISCH

FÜR
4 PERS.

KÜHLZEIT
15 MIN.

IN DER KÜCHEN-MASCHINE
17 MIN.

250 g
Hähnchenbrustfilet

100 g Brokkoliröschen

1 Karotte

1 Ei

100 g TK-Erbsen

4 EL Sojasoße

1 - Die Zwiebel schälen und vierteln, die Knoblauchzehe schälen und den Keim entfernen, die Karotte putzen, waschen und in Stücke schneiden, ebenso die Selleriestange. Alles in den Mixbehälter geben, den Messbecher einsetzen und **5 Sekunden/Stufe 5 zerkleinern**. Mit dem Spatel nach unten schieben. Die Hälfte in eine Schüssel umfüllen und beiseitestellen.

2 - Das in 3 cm breite Streifen geschnittenes Hähnchenbrustfilet, das Ei, 2 Esslöffel Sojasoße, die Semmelbrösel und 1 Teelöffel Salz in den Mixbehälter geben, den Messbecher wieder einsetzen und **12 Sekunden/Stufe 5 zerkleinern**. Mit dem Spatel nach unten schieben.

3 - Die Masse in eine Schüssel umfüllen und mit leicht angefeuchteten Händen 12 Bällchen formen und diese 15 Minuten kalt stellen.

4 - Den Mixbehälter spülen, Geflügelbrühe, den Rest Gemüsemix, die gewaschenen Brokkoliröschen, die Erbsen und 2 Esslöffel Sojasoße hineingeben. Den Dampfgaraufsatz aufsetzen, die Hähnchen-Bällchen hineinlegen und zugedeckt **16 Minuten/Dampfgar-Taste dämpfen**.

5 - Die Brühe auf große Suppenschalen verteilen, pro Person 3 Bällchen dazugeben und mit dem klein geschnittenen Koriander und Schnittlauch servieren.

Und außerdem ...

1 gelbe Zwiebel
1 Knoblauchzehe
1 Selleriestange
60 g Semmelbrösel
1000 g Geflügelbrühe
½ Bund Koriander und Schnittlauch
Salz
Pfeffer

Maiscremesuppe
MIT BACON

FÜR
4 PERS.

BACKZEIT
8 MIN.

IN DER KÜCHEN-MASCHINE
28 MIN.

10 Stängel Schnittlauch

300 g Mais aus der Dose

1 TL Currypulver

4 Scheiben Bacon

250 g Sahne (fettreduziert)

2 Kartoffeln

Und außerdem ...

1 Zwiebel
2 Knoblauchzehen
1 EL Sonnenblumenöl
500 g Gemüsebrühe (Würfel oder von S. 162)
Salz
Pfeffer

1 - Den Backofen auf 180 °C (Ober-/Unterhitze) vorheizen.

2 - Die Baconscheiben auf ein Backblech legen und 8 Minuten im Backofen rösten. Abkühlen lassen und auf Küchenpapier legen.

3 - Die Zwiebel schälen und vierteln, die Knoblauchzehen schälen und die Keime entfernen, die Kartoffeln schälen und in große Stücke schneiden. Zusammen mit 3 Scheiben gegrilltem Bacon in den Mixbehälter geben und den Messbecher einsetzen. **8 Sekunden/ Stufe 6 zerkleinern.** Mit dem Spatel nach unten schieben. Den abgetropften Mais, das Sonnenblumenöl und das Currypulver hinzufügen und ohne eingesetzten Messbecher **Linkslauf/7 Minuten/Stufe 2/100 °C andünsten.**

4 - Die Gemüsebrühe zugießen und ohne eingesetzten Messbecher **15 Minuten/Stufe 1/100 °C kochen lassen.** Die fettreduzierte Sahne zugießen und ohne eingesetzten Messbecher erneut **5 Minuten/ Stufe 1/100 °C kochen.**

5 - 1 Schöpfkelle Brühe herausnehmen und beiseitestellen. Den Messbecher einsetzen und Suppe **30 Sekunden/Stufe 5–8 ansteigend pürieren.** Abschmecken.

6 - Suppe auf Teller verteilen, jeweils etwas von der nicht pürierten Suppe untermischen und mit klein geschnittenem Bacon und klein geschnittenem Schnittlauch bestreuen.

Oktopus- SALAT

FÜR
4 PERS.

RUHEZEIT
15 MIN.

IN DER KÜCHEN-MASCHINE
33 MIN.

1 Handvoll ganze
Mandeln

1 rote Zwiebel

80 g grüne Oliven
(ohne Stein)

1 Oktopus (ca. 800 g,
geputzt)

10 Stängel Koriander

4 Handvoll Rucola

1 - Die Gemüsebrühe in den Mixbehälter füllen, den Oktopus in den Dampfgaraufsatz legen, diesen aufsetzen und Oktopus **25–30 Minuten/Dampfgar-Taste dünsten.** Beiseitestellen.

2 - Den Mixbehälter ausleeren, die geschälte und geviertelte Zwiebel, die geschälte Knoblauchzehe ohne Keim, die grünen Oliven, die Mandeln und den gewaschenen Koriander in den Behälter geben. Den Messbecher einsetzen und **10 Sekunden/Stufe 5 zerkleinern.** Mit dem Spatel nach unten schieben.

3 - Das Olivenöl, den Zitronensaft, 1 Teelöffel Salz, Pfeffer und den in 3 cm große Stücke geschnittenen Oktopus dazugeben. Den Messbecher einsetzen und **Linkslauf/2 Minuten/Stufe 1 vermischen.**

4 - 15 Minuten ruhen lassen, dann mit dem gewaschenen Rucola servieren.

Um den Oktopus weicher zu machen, friert man ihn mindestens 48 Stunden vor Verarbeitung ein. Am Vortag im Kühlschrank auftauen lassen.

Und außerdem ...

500 g Gemüsebrühe (Würfel oder von S. 162)
1 Knoblauchzehe
2 EL Olivenöl
Saft von 1 Zitrone
Salz
Pfeffer

Lauch
MIT VINAIGRETTE

FÜR
4 PERS.

IN DER KÜCHEN-
MASCHINE
26 MIN.

80 g Erdnüsse

10 Stängel Kerbel

6 EL geröstetes
Sesamöl

4 Stangen Lauch

2 EL Sojasoße

1 - Die Wurzel und das harte Grün vom Lauch abschneiden. Wenn die Stangen zu lang sind, halbieren. Sorgfältig waschen.

2 - 1000 g Wasser und das Lorbeerblatt in den Mixbehälter geben. Den Lauch mit 1 Prise Salz in den flachen Dampfgaraufsatz legen, diesen aufsetzen und Lauch **25 Minuten/Dampfgar-Taste dünsten.** Beiseitestellen. Den Mixbehälter ausleeren.

3 - Die Erdnüsse, das geröstete Sesamöl, den Reisessig und die Sojasoße in den Mixbehälter geben, salzen und pfeffern. Den Messbecher einsetzen und **5 Sekunden/Stufe 5 mixen.** Mit dem Spatel nach unten schieben.

4 - Den Lauch mit der Vinaigrette und dem gewaschenen, klein geschnittenen Kerbel servieren.

Und außerdem ...

1 Lorbeerblatt
2 EL Reisessig
Salz
Pfeffer

VEGETARISCH UND VOLLWERTIG

Kräuter-
GNOCCHI

FÜR
4 PERS.

KOCHZEIT
5 MIN.

IN DER KÜCHEN-MASCHINE
22 MIN.

10 g Kerbel

10 g Schnittlauch

150 g Mehl + etwas
zum Bestäuben

20 g Estragon

10 g Petersilie

600 g Kartoffeln
(Bintje)

Und außerdem ...

1 Eigelb
½ TL Muskatnuss
Salz
Pfeffer

1 - Die Kräuter waschen, trocken schütteln, in den Mixbehälter geben und den Messbecher einsetzen. **6 Sekunden/Stufe 6 zerkleinern.** Mit dem Spatel nach unten schieben. In eine Schüssel füllen und beiseitestellen.

2 - 500 g Wasser in den Mixbehälter füllen. Die Kartoffeln schälen, waschen und halbieren, dann in den Kocheinsatz geben. Kocheinsatz einhängen und Kartoffeln **20 Minuten/Dampfgar-Taste dämpfen.**

3 - Den Mixbehälter leeren und die noch heißen Kartoffeln hineingeben. Den Messbecher einsetzen und **Linkslauf/30 Sekunden/Stufe 3 mixen.**

4 - Die Kartoffeln lauwarm abkühlen lassen.

5 - 75 g Mehl, das Eigelb und 1 Prise Salz dazugeben, den Messbecher einsetzen und **Linkslauf/10 Sekunden/Stufe 3 vermischen.** Die restlichen 75 g Mehl dazugeben, den Messbecher einsetzen und **Linkslauf/10 Sekunden/Stufe 3 vermischen.**

6 - Die gehackten Kräuter, Pfeffer und ½ Teelöffel Muskatnuss hinzufügen. Den Messbecher einsetzen und **30 Sekunden/Stufe 4 kneten.**

7 - Den Teig auf eine bemehlte Arbeitsfläche geben und zu einer Kugel formen. 1 ½ cm dicke Rollen formen und diese in 1 cm lange Stücke schneiden. Diese mit den Zinken einer Gabel leicht flach drücken, damit ein Rillenmuster entsteht. Auf ein Geschirrtuch legen und mit Mehl bestäuben.

8 - In einem Topf Salzwasser aufkochen, die Gnocchi vorsichtig hineingleiten lassen. Sobald sie an die Oberfläche steigen, mit einem Schaumlöffel herausnehmen und abtropfen lassen.

Rohe Gnocchi lassen sich sehr gut einfrieren. Um sie zuzubereiten, gibt man sie noch tiefgefroren in kochendes Wasser.
Knusprige Gnocchi erhält man, wenn man sie nach dem Kochen mit Butter und zerdrücktem Knoblauch in der Pfanne brät.

Pilaw mit schwarzem
VENERE-REIS, PILZEN
UND WALNÜSSEN

FÜR
2 PERS.

IN DER KÜCHEN-
MASCHINE
53 MIN.

30 g trockener
Weißwein

180 g flüssige
Gemüsebrühe (Würfel
oder von S. 162)

170 g gemischte Pilze

40 g Walnüsse

½ Bund glatte Petersilie

160 g schwarzer Reis
(Venere-Reis)

Und außerdem ...

1 Zwiebel
1 Knoblauchzehe
1 EL Olivenöl
3 Stängel Thymian
1 TL Salz
Pfeffer

1 - Die Pilze putzen, in Scheiben schneiden und beiseitestellen.

2 - Die Zwiebel schälen und vierteln. Den Knoblauch schälen und den Keim entfernen. Beides in den Mixbehälter geben und den Messbecher einsetzen. **5 Sekunden/Stufe 5 zerkleinern.** Mit dem Spatel nach unten schieben.

3 - Das Olivenöl dazugeben, den Messbecher wieder einsetzen und Gemüse **Linkslauf/2 Minuten/Stufe 1/120 °C anbraten.**

4 - Den Reis und die Pilze (bis auf 1 Handvoll) dazugeben, den Messbecher einsetzen und **Linkslauf/3 Minuten/Stufe 1/120 °C anbraten.**

5 - Den Weißwein und den gewaschenen Thymian dazugeben, den Messbecher wieder einsetzen und **Linkslauf/30 Sekunden/Stufe 2/120 °C ablöschen.**

6 - Die Gemüsebrühe zugießen, Salz und Pfeffer dazugeben. Den Messbecher einsetzen und **Linkslauf/45 Minuten/Stufe 1/100 °C garen.** Für das Pilz-Topping die Handvoll zurückbehaltene Pilze in der Pfanne braten, wenn der Reis fast fertig ist.

7 - Vor dem Servieren die Thymianstängel herausnehmen. Mit klein geschnittener Petersilie und gehackten Walnüssen heiß servieren.

Gefüllte MUSCHELNUDELN

FÜR	KOCHZEIT
4 PERS.	**9 MIN.**

IN DER KÜCHEN-MASCHINE	BACKZEIT
14 MIN.	**20 MIN.**

300 g Conchiglioni (Muschelnudeln)

50 g Rosinen

2 Bund Mangold

250 g Brousse (alternativ: Ziegenfrischkäse)

Schale von 1 Bio-Zitrone

50 g Pinienkerne

Und außerdem ...

1 Knoblauchzehe
50 g Butter
50 g Mehl
500 g Milch
70 g Parmesan, gerieben
Salz
Pfeffer

1 - Mangold waschen, die Blattstiele entfernen und die Blätter beiseitestellen.

2 - In einem großen Topf die Conchiglioni 3 Minuten kürzer kochen als auf der Packung angegeben. Abgießen und mit kaltem Wasser abschrecken. Beiseitestellen.

3 - Den Knoblauch schälen und den Keim entfernen, in den Mixbehälter geben und den Messbecher einsetzen. **2 Sekunden/Turbo-Taste zerkleinern.** Mit dem Spatel nach unten schieben.

4 - Die in Stücke geschnittene Butter und die abgeriebene Zitronenschale dazugeben, den Messbecher einsetzen. **3 Minuten/ Stufe 2/90 °C zerlassen.** Das Mehl hinzufügen, den Messbecher wieder einsetzen und **20 Sekunden/Stufe 6 mixen.** Die Milch zugießen, Salz und Pfeffer hinzufügen und die Béchamelsoße ohne eingesetzten Messbecher **7 Minuten/Stufe 4/90 °C köcheln lassen.** In eine Schüssel füllen, beiseitestellen und den Mixbehälter spülen.

5 - Den Backofen auf 180 °C (Ober-/Unterhitze) vorheizen.

6 - Die Mangoldblätter grob in Streifen schneiden, in den Mixbehälter geben und den Messbecher einsetzen. **6 Sekunden/Stufe 6 zerkleinern.** Die Rosinen, die Pinienkerne und den Brousse dazugeben. Den Messbecher einsetzen und **Linkslauf/3 Minuten/ Stufe 2 vermischen.**

7 - Die Béchamelsoße in eine große ofenfeste Form gießen. Die Conchiglioni mit der Mangoldmasse füllen und die Nudeln auf die Soße setzen. Mit Parmesan bestreuen und 20 Minuten im Ofen backen.

Grüne TARTE

FÜR
4 PERS.

BACKZEIT
35 MIN.

IN DER KÜCHEN-MASCHINE
9 MIN.

2 Handvoll Babyspinat

1 Mürbeteig mit Körnern (S. 208)

½ Bund Basilikum

3 Eier

250 g Erbsen (frisch oder TK)

200 g Ricotta

Und außerdem ...

200 g Milch
50 g Parmesan, gerieben
1 TL Salz
Pfeffer

1 - Die Basilikumblätter waschen und trocken schütteln. Beiseitestellen.

2 - 500 g Wasser in den Mixbehälter füllen und die Erbsen in den Dampfgaraufsatz geben. Dampfgaraufsatz aufsetzen und Erbsen **8 Minuten/Dampfgar-Taste garen.** Das Wasser aus dem Mixbehälter ausgießen. Die Erbsen sofort mit Eiswasser abschrecken, damit sie ihre Farbe behalten, und beiseitestellen.

3 - Die Eier, den Ricotta, die Milch, den geriebenen Parmesan, den gewaschenen Babyspinat, die Basilikumblätter, Salz und Pfeffer in den Mixbehälter geben. Den Messbecher einsetzen und **30 Sekunden/Stufe 7 mixen.**

4 - Den Backofen auf 180 °C (Ober-/Unterhitze) vorheizen.

5 - Die Erbsen auf dem wie auf S. 208 beschriebenen vorbereiteten und vorgebackenen Mürbeteig verteilen, die Füllmasse darübergießen und Tarte 35 Minuten im Ofen backen.

Falafels MIT ERBSEN

FÜR
4 PERS.

BACKZEIT
15 MIN.

IN DER KÜCHEN-MASCHINE
1 MIN.

---

20 g Minze

50 g Haferflocken

15 g Koriander

125 g TK-Erbsen, aufgetaut

250 g Kichererbsen aus der Dose

2 EL Tahin

1 - Minze und Koriander waschen und trocken schütteln, die Frühlingszwiebeln waschen, halbieren. Alles in den Mixbehälter geben, den Messbecher einsetzen und **30 Sekunden/Stufe 5 zerkleinern.**

2 - Die abgetropften Kichererbsen, die aufgetauten Erbsen, die Haferflocken, Tahin, Salz, die abgeriebene Zitronenschale und das Harissa dazugeben. Den Messbecher wieder einsetzen und **10 Sekunden/Stufe 8 mixen.** Mit dem Spatel nach unten schieben, dann den Mixvorgang wiederholen, bis eine körnige Masse entsteht.

3 - Den Backofen auf 180 °C (Ober-/Unterhitze) vorheizen.

4 - Mit angefeuchteten Händen Bällchen mit ca. 3 cm Durchmesser aus dem Teig formen. Die Bällchen auf ein mit Backpapier belegtes Backblech legen und die Oberseite mit etwas Sonnenblumenöl einpinseln. 15 Minuten im Ofen backen.

5 - Mit der Leichten Soße genießen (S. 201).

Und außerdem ...

2 Frühlingszwiebeln
Schale von ½ Bio-Zitrone
1 TL mildes Harissa (optional)
2 EL Sonnenblumenöl
1 TL Salz
Leichte Soße (S. 201)

Gemüsesuppe MIT PISTOU

FÜR
6 PERS.

EINWEICHZEIT
1 NACHT

IN DER KÜCHEN-MASCHINE
1 STD. 10 MIN.

250 g grüne Bohnen

2 Zucchini

150 g getrocknete
weiße Bohnen

150 g getrocknete rote
Bohnen

50 g Parmesan

300 g Hörnchennudeln

Und außerdem ...

1 Zwiebel
2000 g Gemüsebrühe
2 Kartoffeln
1 große Tomate
Salz, Pfeffer
Für das Pistou
1 Bund Basilikum
50 g Pinienkerne
1 Knoblauchzehe
100 g Olivenöl

1 - Am Vortag die getrockneten Bohnen getrennt in Schüsseln mit reichlich kaltem Wasser einweichen.

2 - Basilikum waschen und trocken schütteln, in den Mixbehälter geben und die Pinienkerne, die geschälte Knoblauchzehe ohne Keim, den klein geschnittenen Parmesan (bis auf eine Handvoll zum späteren Garnieren) und das Olivenöl hinzufügen. Den Messbecher einsetzen und alles **35 Sekunden/Stufe 6 zerkleinern.** Mit dem Spatel nach unten schieben. Pistou in eine Schüssel füllen und beiseitestellen. Den Mixbehälter spülen.

3 - Die Zwiebel schälen und halbieren, in den Mixbehälter geben. Den Messbecher einsetzen und **5 Sekunden/Stufe 5 zerkleinern.** Mit dem Spatel nach unten schieben. Die abgetropften weißen und roten Bohnen und die Gemüsebrühe dazugeben. **Linkslauf/45 Minuten/120 °C kochen,** dabei den Kocheinsatz als Spritzschutz aufsetzen.

4 - Inzwischen die grünen Bohnen waschen, putzen und in 3 cm große Stücke schneiden. Die Kartoffeln schälen und ebenso wie die gewaschenen Zucchini in Würfel schneiden. Die Tomate häuten, entkernen und in große Würfel schneiden.

5 - Das Gemüse mit 1 Teelöffel Salz in den Mixbehälter geben und **Linkslauf/10–15 Minuten/120 °C weich kochen.** Den Kocheinsatz als Spritzschutz aufsetzen. Die Nudeln dazugeben, falls nötig etwas Wasser nachgießen, den Kocheinsatz aufsetzen und **Linkslauf/10 Minuten/120 °C kochen.** Am Ende der Kochzeit die Hälfte des Pistou zur Suppe dazugeben. Den Messbecher einsetzen und **Linkslauf/2 Minuten/Stufe 1 vermischen.**

6 - Mit geriebenem Parmesan und dem Rest des Pistou servieren.

Vegane
UDON-NUDELN

FÜR
4 PERS.

BACKZEIT
20 MIN.

IN DER KÜCHEN-MASCHINE
17 MIN.

240 g Udon-Nudeln

20 g Koriander

20 g Ingwer

600 g Kokosmilch

90 g gelbe Currypaste

500 g Hokkaidokürbis

1 - Den Backofen auf 180 °C (Ober-/Unterhitze) vorheizen.

2 - Den Hokkaido waschen, entkernen und in Würfel schneiden, diese mit 1 Esslöffel Sonnenblumenöl, Salz und Pfeffer marinieren. Die Kürbiswürfel auf einem Backblech verteilen. 20 Minuten im Ofen backen, nach der Hälfte der Garzeit wenden.

3 - Die Zwiebel schälen und vierteln. Den Ingwer schälen und in 1 cm große Stücke schneiden. Beides in den Mixbehälter geben und den Messbecher einsetzen. **9 Sekunden/Stufe 6 zerkleinern.** Mit dem Spatel nach unten schieben.

4 - 1 Esslöffel Sonnenblumenöl, die Currypaste und Kurkuma hinzufügen. Den Messbecher einsetzen und **Linkslauf/3 Minuten/ Stufe 1/100 °C dünsten.** Die Kokosmilch und 400 g Wasser zugießen. Den Messbecher einsetzen und **Linkslauf/10 Minuten/ Stufe 1/100 °C garen.** Die Nudeln hinzufügen und den Messbecher wieder einsetzen. **Linkslauf/3 Minuten/Stufe 1/100 °C garen.** Mit Zitronensaft abschmecken.

5 - Die Suppe auf Teller verteilen, Kürbisstücke hineingeben und mit klein geschnittenem Koriander garnieren.

Und außerdem ...

2 EL Sonnenblumenöl
1 Zwiebel
1 TL Kurkuma
Saft von ½ Zitrone
Salz
Pfeffer

Chinesische Nudeln
MIT MARINIERTEM TOFU

FÜR	MARINIERZEIT
4 PERS.	**1 STD.**

IN DER KÜCHEN-MASCHINE	BRATZEIT
24 MIN.	**5 MIN.**

400 g chinesische Nudeln

200 g Karotten

120 g Lauch

2 EL Austernsoße

50 g Shiitake-Pilze

300 g Naturtofu

Und außerdem ...

3 Knoblauchzehen
1 Zwiebel
2 cm frischer Ingwer
2 EL Sesamöl
6 EL Sojasoße
2 EL Sonnenblumenöl
900 g Gemüsebrühe (Würfel oder von S. 162)
Koriander und Erdnüsse (optional)

1 - Die Knoblauchzehen schälen und die Keime entfernen, die Zwiebel schälen und vierteln. Den Ingwer schälen. 1 Knoblauchzehe, 1 cm in Scheiben geschnittenen Ingwer, 2 Esslöffel Sesamöl und 2 Esslöffel Sojasoße in den Mixbehälter geben. Den Messbecher einsetzen und **2 x 10 Sekunden/Stufe 5 zerkleinern.** Dazwischen und danach mit dem Spatel nach unten schieben.

2 - Den Tofu in 2 cm große Würfel schneiden und in eine Schüssel geben. Mit der Marinade übergießen und mindestens 1 Stunde ziehen lassen.

3 - Die Zwiebel, 2 Knoblauchzehen und den restlichen in Scheiben geschnittenen Ingwer in den Mixbehälter geben. Den Messbecher einsetzen und **2 x 10 Sekunden/Stufe 5 zerkleinern.** Dazwischen und danach mit dem Spatel nach unten schieben.

4 - Den gewaschenen, in Scheiben geschnittenen Lauch, die gewaschenen, gestifteten Karotten, das Sonnenblumenöl und die in Scheiben geschnittenen Pilze dazugeben und ohne eingesetzten Messbecher **4 Minuten/110 °C/Anbrat-Taste dünsten.**

5 - Die Austernsoße und 4 Esslöffel Sojasoße dazugeben, den Messbecher einsetzen und **Linkslauf/5 Minuten/Stufe 1/100 °C erhitzen.** In ein Gefäß umfüllen und beiseitestellen.

6 - Den Mixbehälter spülen. Die Gemüsebrühe in den Mixbehälter gießen und den Messbecher einsetzen. **9 Minuten/Stufe 1/120 °C erhitzen.** Die Nudeln dazugeben, den Messbecher wieder einsetzen und **Linkslauf/3 Minuten/Stufe 1/100 °C kochen.**

7 - Inzwischen den marinierten Tofu in einer Pfanne von allen Seiten goldbraun anbraten.

8 - Die Nudeln abgießen, dabei 100 ml der Kochbrühe behalten. Nudeln mit Kochwasser und Gemüsemischung wieder in den Mixbehälter geben und **Linkslauf/2 Minuten/Stufe 1/80 °C erhitzen.**

9 - Mit dem noch heißen Tofu und nach Belieben mit klein geschnittenem Koriander und gehackten Erdnüssen servieren.

Rosa PIZZA

FÜR
4 PERS.

BACKZEIT
12 MIN.

IN DER KÜCHEN-MASCHINE
1 MIN.

1 Ringelbete

100 g Feta

200 g Rote Bete (roh)

1 EL flüssiger Honig

1 Pizzateig (S. 210)

1 Handvoll Rucola

1 - Die Rote Bete schälen und vierteln, in den Mixbehälter geben und den Messbecher einsetzen. **15 Sekunden/Stufe 5 zerkleinern.** Mit dem Spatel nach unten schieben. Die rote Zwiebel schälen und vierteln, die Hälfte in den Mixbehälter geben. Die geschälten Knoblauchzehen ohne Keime, 1 Esslöffel Olivenöl, den Zitronensaft, Honig und Salz dazugeben. Den Messbecher wieder einsetzen und alles **15 Sekunden/Stufe 5 mixen.** Mit dem Spatel nach unten schieben. Den Vorgang wiederholen, bis eine homogene Masse entstanden ist.

2 - Den Backofen mit dem Backblech auf 240 °C (Ober-/Unterhitze) vorheizen.

3 - Den wie auf S. 210 beschrieben zubereiteten Pizzateig auf einem bemehlten Backpapier auf Blechgröße ausrollen. Das Rote-Bete-Püree, die restliche, in dünne Ringe geschnittene rote Zwiebel, 75 g zerkrümelten Feta und etwas Olivenöl darauf verteilen. Das Backblech aus dem Ofen nehmen und die Pizza mit dem Backpapier auf das Blech ziehen. 12 Minuten im Ofen backen, bis der Boden durchgebacken ist.

4 - Inzwischen die Ringelbete schälen, in dünne Scheiben schneiden, den restlichen Feta zerkrümeln, Rucola und Minzeblätter waschen und trocken schütteln.

5 - Die Pizza aus dem Ofen nehmen und die verbliebenen Zutaten darauf verteilen.

Und außerdem ...

1 rote Zwiebel
2 Knoblauchzehen
2 EL Olivenöl
2 EL Zitronensaft
Einige Minzeblätter
Salz

Pasta mit
CASHEW-CREME

FÜR
4 PERS.

IN DER KÜCHEN-
MASCHINE
35 MIN.

180 g Babyspinat

250 g Kichererbsen-
Fusilli (oder Fusilli aus
Hartweizengrieß)

125 g Cashewmus

180 g trockener
Weißwein

3 Knoblauchzehen

½ Bund Basilikum

1 - 1200 g Wasser und 1 Prise Salz in den Mixbehälter füllen, den Messbecher einsetzen und **10 Minuten/Stufe 1/100 °C erhitzen.** Die Nudeln dazugeben und **Linkslauf/Stufe 1/100 °C kochen,** dabei die auf der Packung angegebene Kochzeit beachten.

2 - Die Nudeln abgießen und mit kaltem Wasser abschrecken. Beiseitestellen.

3 - Die Zwiebel schälen und halbieren, den Knoblauch schälen und die Keime entfernen, beides in den Mixbehälter geben und den Messbecher einsetzen. **30 Sekunden/Stufe 5 zerkleinern.** Mit dem Spatel nach unten schieben. Das Olivenöl dazugeben und ohne eingesetzten Messbecher **3 Minuten/Anbrat-Taste dünsten.** Den Weißwein zugießen und erneut ohne eingesetzten Messbecher **3 Minuten/Anbrat-Taste dünsten.** Das Cashewmus und den gewaschenen, gehackten Babyspinat hinzufügen und ohne eingesetzten Messbecher **5 Minuten/Anbrat-Taste dünsten.** Die Creme soll eine dickflüssige Konsistenz bekommen. Die Nudeln in den Mixbehälter geben, den Messbecher einsetzen und **Linkslauf/ 2 Minuten/Stufe 1 vermischen.**

4 - Mit klein geschnittenem Basilikum und der abgeriebenen Zitronenschale servieren.

Und außerdem ...

1 Zwiebel
1 EL Olivenöl
Schale von ½ Bio-Zitrone
Salz
Pfeffer

Porridge MIT PESTO

FÜR
2 PERS.

IN DER KÜCHEN-MASCHINE
22 MIN.

480 g Haferdrink

4 Handvoll Babyspinat

220 g Haferflocken

4 EL grünes oder rotes Pesto (fertig gekauft oder von S. 202)

120 g Ziegenfrischkäse

4 Eier

1 - 500 g Wasser in den Mixbehälter füllen. Die Eier in den Kocheinsatz legen. Kocheinsatz einhängen und Eier **12 Minuten/Dampfgar-Taste garen.** Das Wasser aus dem Mixbehälter ausgießen. Die Eier sofort in Eiswasser legen, um den Garvorgang zu beenden.

2 - Die Haferflocken, den Haferdrink, 480 g Wasser, 4 Prisen Salz und Pfeffer in den Mixbehälter geben. Den Messbecher einsetzen und **8 Minuten/Stufe 2/95 °C kochen.**

3 - Das Pesto und 60 g Ziegenfrischkäse dazugeben, den Messbecher wieder einsetzen und noch mal **2 Minuten/Stufe 2/95 °C kochen.**

4 - Die Eier vorsichtig pellen. Den Porridge auf 4 Teller verteilen, die Eier halbieren und je 2 Hälften daraufsetzen. Mit dem restlichen Ziegenfrischkäse und gewaschenem Babyspinat garnieren.

Und außerdem ...

Salz
Pfeffer

WOHLFÜHL-GERICHTE

Hähnchen-Tajine
MIT APRIKOSE UND ZITRONE

FÜR
4 PERS.

BRATZEIT
4 MIN.

IN DER KÜCHEN-MASCHINE
41 MIN.

125 g getrocknete Aprikosen

2 Knoblauchzehen

4 Hähnchenoberkeulen

2 Citrons confits (Salzzitronen) + Saft von 1 Zitrone

½ Bund Koriander

2 EL Senf

1 - Zwiebel schälen und vierteln. Knoblauchzehen schälen, die Keime entfernen und Knoblauch und Zwiebeln in den Mixbehälter geben. Mit eingesetztem Messbecher **5 Sekunden/Stufe 5 zerkleinern.** Mit dem Spatel nach unten schieben, das Olivenöl dazugeben und **4 Minuten/100 °C/Anbrat-Taste dünsten.**

2 - Geflügelbrühe, Zitronensaft, Senf, Zimt und Kurkuma dazugeben, den Messbecher einsetzen und **15 Sekunden/Stufe 5 mixen.** Mit dem Spatel nach unten schieben und die geviertelten Salzzitronen und die halbierten getrockneten Aprikosen hinzufügen.

3 - Die Hähnchenoberkeulen salzen und pfeffern und in einer beschichteten Pfanne in 1 EL Olivenöl von beiden Seiten jeweils 2 Minuten scharf anbraten. In den flachen Dampfgaraufsatz legen. Den tiefen Dampfgaraufsatz mit befeuchtetem Pergamentpapier auslegen und den angefeuchteten Couscous hineingeben. Beide Dampfgaraufsätze aufsetzen und verschließen. Bei **Linkslauf/35 Minuten/Dampfgar-Taste dämpfen.**

4 - Die Dampfgaraufsätze abnehmen, die Hähnchenoberkeulen in den Mixbehälter geben und **Linkslauf/1 Minute/100 °C/Stufe 2** mit der Soße vermischen. Den Couscous mit einer Gabel auflockern und in eine Schüssel geben. Mit klein geschnittenem Koriander servieren.

Und außerdem ...

1 Zwiebel
200 g Geflügelbrühe
½ TL Zimt
½ TL Kurkuma
2 EL Olivenöl
200 g Couscous
Salz, Pfeffer

Chili
CON CARNE

FÜR
4 PERS.

IN DER KÜCHEN-MASCHINE
2 STD.

150 g Mais aus der Dose

2 rote Zwiebeln

3 Knoblauchzehen

300 g rote Bohnen aus der Dose

600 g Rinderschulter

550 g stückige Tomaten aus der Dose

Und außerdem ...

3 EL Sonnenblumenöl
6 EL Tomatenmark
3 TL Paprikapulver
2 TL Kreuzkümmel
1 TL Zucker
½ TL Chilipulver (optional)
½ Bund Koriander
Gekochter Reis oder Brot

1 - Die Zwiebeln schälen und halbieren, die Knoblauchzehen schälen und die Keime entfernen. Alles in den Mixbehälter geben. Den Messbecher einsetzen und **8 Sekunden/Stufe 6 zerkleinern.** Mit dem Spatel nach unten schieben. Das Sonnenblumenöl dazugeben und ohne eingesetzten Messbecher **3 Minuten/120 °C/Anbrat-Taste anbraten.**

2 - Das Rindfleisch in Würfel mit 5 cm Kantenlänge schneiden. Mit Tomatenmark, 250 g Wasser, Paprikapulver und Kreuzkümmel in den Mixbehälter geben und ohne eingesetzten Messbecher **Linkslauf/ 1 Stunde 30 Minuten/Stufe 1/100 °C kochen lassen.** Kocheinsatz als Spritzschutz aufsetzen.

3 - Anschließend das Fleisch herausnehmen und mit 2 Gabeln zerpflücken. Die Soße durch ein Sieb gießen, um die kleinen Fleischstücke zu entfernen. Das Fleisch beiseitestellen.

4 - Die Soße wieder in den Mixbehälter geben, die stückigen Tomaten, den Zucker und das Chilipulver hinzufügen und erneut ohne eingesetzten Messbecher **10 Minuten/Stufe 1/100 °C kochen lassen.** Den Vorgang wiederholen, falls die Soße noch zu flüssig ist.

5 - Bohnen und Mais abtropfen lassen und dazugeben und ohne eingesetzten Messbecher **5 Minuten/Stufe 1/100 °C kochen lassen.**

6 - Die Fleischstücke dazugeben und **Linkslauf/3 Minuten/Stufe 2 vermischen.**

7 - Mit klein geschnittenem Koriander und, falls gewünscht, mit Reis oder Brot als Beilage servieren.

OSSOBUCO

FÜR
4 PERS.

BRATZEIT
2 MIN.

IN DER KÜCHEN-MASCHINE
54 MIN.

10 g Mehl

160 g Weißwein

2 Karotten

25 g Tomatenmark

4 Scheiben
Kalbshachse

250 g geschälte
Tomaten aus der Dose

1 – Die Fleischscheiben trocken tupfen, salzen und pfeffern und mit Mehl bestäuben. 1 EL Olivenöl in einer beschichteten Pfanne erhitzen und die Fleischscheiben auf beiden Seiten jeweils 1 Minute scharf anbraten. Dann in den flachen Dampfgaraufsatz legen und beiseitestellen.

2 – Die Zwiebel schälen und halbieren, den Knoblauch schälen und den Keim entfernen. Beides in den Mixbehälter geben, den Messbecher einsetzen und **3 Sekunden/Turbo-Taste zerkleinern.** Mit dem Spatel nach unten schieben.

3 – Das übrige Olivenöl dazugeben, den Messbecher wieder einsetzen und **4 Minuten/Anbrat-Taste anbraten.**

4 – Die Karotten waschen, schälen und in Scheiben schneiden. Zusammen mit den geschälten Tomaten, dem Weißwein, der Geflügelbrühe, dem Tomatenmark, den abgezupften Thymianblättern, dem Lorbeerblatt, 1 Teelöffel Salz und Pfeffer in den Mixbehälter geben.

5 – Den Dampfgaraufsatz mit Deckel aufsetzen und das Ganze **Linkslauf/50 Minuten/100 °C schmoren lassen.**

6 – Mit klein geschnittener Petersilie und abgeriebener Limettenschale servieren.

Und außerdem ...

2 EL Olivenöl

1 Zwiebel

1 Knoblauchzehe

660 g Geflügelbrühe

2 Stängel Thymian

1 Lorbeerblatt

½ Bund Petersilie

Schale von 1 Bio-Limette

Salz

Pfeffer

Boeuf STROGANOFF

FÜR
4 PERS.

BRATZEIT
3 MIN.

IN DER KÜCHEN-MASCHINE
34 MIN.

300 g Champignons

100 g Crème fraîche

600 g Rinderfilet

250 g flüssige Rinderbrühe

½ Bund glatte Petersilie

12 Kartoffeln (Charlotte oder Grenaille)

Und außerdem ...

45 g Butter
1 Zwiebel
2 EL Mehl
2 TL Senf
Saft von ½ Zitrone
Salz
Pfeffer

1 - Die Kartoffeln gründlich waschen und in den tiefen Dampfgaraufsatz geben und beiseitestellen.

2 - Das Rinderfilet in feine Streifen schneiden. 30 g Butter in einer beschichteten Pfanne erhitzen und die Fleischstreifen von allen Seiten unter Rühren 2–3 Minuten scharf anbraten. In den flachen Dampfgaraufsatz legen und beiseitestellen.

3 - Die Zwiebel schälen und vierteln. In den Mixbehälter geben, den Messbecher einsetzen und **5 Sekunden/Stufe 5 zerkleinern.** Mit dem Spatel nach unten schieben. Die restliche Butter und das Mehl dazugeben, dann ohne eingesetzten Messbecher **4 Minuten/ Anbrat-Taste anbraten.**

4 - Die Rinderbrühe dazugeben. Den Dampfgaraufsatz mit den Kartoffeln aufsetzen, zudecken und **Linkslauf/10 Minuten/Stufe 1 dämpfen.** Beide Dampfaufsätze abnehmen und beiseitestellen.

5 - Die geputzten und in Scheiben geschnittenen Champignons, Senf, Crème fraîche, Zitronensaft und 1 Teelöffel Salz dazugeben. Beide Dampfgaraufsätze mit Deckel aufsetzen und das Ganze **Linkslauf/ 20 Minuten/90 °C dämpfen.**

6 - Mit klein geschnittener Petersilie servieren.

Gerösteter Kürbis
UND PIKANTES
LAMMFLEISCH

FÜR
4 PERS.

BACKZEIT
45 MIN.

IN DER KÜCHEN-MASCHINE
17 MIN.

500 g mageres
Lammhackfleisch

3 Knoblauchzehen

½ Bund Koriander

200 g Kokosmilch

4 Spalten Hokkaido-
Kürbis, Kerne entfernt

4 EL stückige Tomaten
aus der Dose

1 - Den Backofen auf 180 °C (Ober-/Unterhitze) vorheizen.

2 - 1 Knoblauchzehe schälen und den Keim entfernen, in den Mixbehälter geben. 2 Esslöffel Olivenöl und 1 Teelöffel Salz dazugeben. Den Messbecher einsetzen und **5 Sekunden/Stufe 5 zerkleinern.** Mit dem Spatel nach unten schieben. Diese Mischung über die Kürbisspalten auf einem Backblech verteilen. Kürbis 45 Minuten im Backofen rösten.

3 - Die Zwiebel schälen und vierteln, 2 Knoblauchzehen schälen und die Keime entfernen. Alles in den Mixbehälter geben, den Messbecher einsetzen und **5 Sekunden/Stufe 5 zerkleinern.** Mit dem Spatel nach unten schieben.

4 - 2 Esslöffel Olivenöl, Zimt, Curry und Chilipulver dazugeben, dann ohne eingesetzten **Messbecher 3 Minuten/100 °C/Anbrat-Taste dünsten.**

5 - Das Fleisch und 1 Prise Salz hinzufügen und ohne eingesetzten Messbecher **6 Minuten/120 °C/Anbrat-Taste anbraten.** Die Kokosmilch und die stückigen Tomaten dazugeben. Ohne eingesetzten Messbecher **Linkslauf/7 Minuten/Stufe 1/90 °C kochen.**

6 - Pro Person 1 Kürbisspalte mit dem würzigen Lammhackfleisch und klein geschnittenem Koriander servieren.

Und außerdem ...

4 EL Olivenöl
1 Zwiebel
1 TL Zimt
2 TL Currypulver
½ TL Chilipulver (optional)
Salz

Kaninchenterrine MIT KRÄUTERN

FÜR	IN DER KÜCHEN-MASCHINE	RUHEZEIT
4 PERS.	**1 MIN.**	**24 STD.**

MARINIERZEIT	BACKZEIT
1 NACHT	**2 STD.**

150 g geputzte Geflügelleber

100 g Weißwein

300 g Kaninchenfleisch oder entbeintes Kaninchen

150 g Vorderrippen-stück vom Schwein

½ Bund einer Mischung aus Petersilie, Schnittlauch und Kerbel

50 g Pinienkerne

Und außerdem ...

1 Lorbeerblatt
3 Stängel Thymian
2 Zwiebeln
1 großes Ei oder 2 kleine
1 Schweinenetz
Salz
Pfeffer

1 - Am Vortag das in große Würfel geschnittene Fleisch und die Leber mit dem Wein, dem Lorbeerblatt, dem Thymian, 1 Teelöffel Salz und Pfeffer in einer Schüssel marinieren. Über Nacht kalt stellen.

2 - Petersilie, Schnittlauch und Kerbel waschen, trocken schütteln und die Blätter abzupfen. Die Zwiebeln schälen und vierteln.

3 - Zwiebel und Kräuter in den Mixbehälter geben, den Messbecher einsetzen und **5 Sekunden/Stufe 5 zerkleinern.** Mit dem Spatel nach unten schieben.

4 - Das Fleisch mit der Marinade (nur das Lorbeerblatt und die Thymianstängel herausnehmen) dazugeben. Den Messbecher einsetzen und **15 Sekunden/Stufe 5 zerkleinern.** Ei und Pinien-kerne hinzufügen. Den Messbecher erneut einsetzen und **Linkslauf/15 Sekunden/Stufe 3 vermischen.**

5 - Den Backofen auf 180 °C (Ober-/Unterhitze) vorheizen.

6 - Eine Terrine mit dem Schweinenetz auskleiden und die Fleisch-Kräuter-Mischung einfüllen. Das Netz oben zusammenschlagen. Den Deckel auf die Terrine setzen. Die Terrine auf ein tiefes Backblech stellen, Wasser 3 cm hoch auf das Blech gießen und Terrine 2 Stunden im Ofen garen.

7 - Abkühlen lassen und 24 Stunden in den Kühlschrank stellen.

Zu dieser Terrine passt perfekt das Karottenschalen-Chutney (S. 168). Die Mixdauer für das Fleisch kann verkürzt oder verlängert werden, je nachdem, wie rustikal die Terrine werden soll.

Pikantes SCHWEINEFLEISCH-GRATIN

FÜR
4 PERS.

BACKZEIT
15 MIN.

IN DER KÜCHEN-MASCHINE
34 MIN.

2 Karotten

2 Zucchini

4 cm Ingwer

100 g Gruyère, gerieben

600 g Schweinehackfleisch

300 g Reis

Und außerdem ...

1 Zwiebel, 2 Knoblauchzehen
1 EL Olivenöl
1 TL Chilipulver
600 g Geflügelbrühe
100 g Kokosmilch
½ Bund Petersilie
Salz, Pfeffer

1 - Die Zwiebel schälen und vierteln, den Ingwer schälen, die Knoblauchzehen schälen und die Keime entfernen. Alles in den Mixbehälter geben, den Messbecher einsetzen und **5 Sekunden/Stufe 5 zerkleinern.** Mit dem Spatel nach unten schieben.

2 - Die Karotten schälen, Zucchini waschen und beides in Stücke schneiden und in den Mixbehälter geben. Den Messbecher einsetzen und **5 Sekunden/Stufe 5 zerkleinern.** Mit dem Spatel nach unten schieben.

3 - Das Olivenöl dazugeben und ohne eingesetzten Messbecher **5 Minuten/100 °C/Anbrat-Taste dünsten.**

4 - Den Reis hinzufügen und ohne eingesetzten Messbecher **3 Minuten/100 °C/Anbrat-Taste dünsten.**

5 - Das Schweinehackfleisch, Chilipulver und 1 Teelöffel Salz dazugeben und ohne eingesetzten Messbecher **5 Minuten/100 °C/Anbrat-Taste garen.**

6 - Den Backofen auf 210 °C (Ober-/Unterhitze) vorheizen. Die Geflügelbrühe und die Kokosmilch in den Mixbehälter zugießen, den Kocheinsatz als Spritzschutz aufsetzen und **Linkslauf/20 Minuten/Stufe 1/90 °C weitergaren.**

7 - Mischung in eine Auflaufform füllen und mit dem geriebenen Gruyère bestreuen. 15 Minuten im Ofen backen. Mit klein geschnittener Petersilie garnieren.

Mac & Cheese ÜBERBACKEN

FÜR
4 PERS.

BACKZEIT
25 MIN.

IN DER KÜCHEN-MASCHINE
40 MIN.

200 g Cheddar, gerieben

300 g Maccheroni

60 g Aromatisierte Semmelbrösel (S. 166)

90 g Butter + etwas für die Form

100 g Mozzarella

30 g Parmesan, gerieben

Und außerdem ...

1 EL Olivenöl
50 g Mehl
500 g Vollmilch
½ TL Muskatnuss
Einige glatte Petersilienblättchen
Salz
Pfeffer

1 - 1200 g Wasser in den Mixbehälter füllen, den Messbecher einsetzen und **10 Minuten/Stufe 1/100 °C erhitzen.** Die Maccheroni dazugeben und **Linkslauf/Stufe 1/100 °C kochen.** Dabei die auf der Verpackung angegebene Kochzeit beachten. Die Nudeln abgießen und mit kaltem Wasser abschrecken. Beiseitestellen.

2 - 30 g in Stücke geschnittene Butter in den Mixbehälter geben und den Messbecher einsetzen. **3 Minuten/Stufe 2/90 °C zerlassen.** Die Semmelbrösel und den geriebenen Parmesan hinzufügen und **Linkslauf/15 Sekunden/Stufe 1 vermischen.** Mit dem Spatel nach unten schieben. In eine Schüssel füllen und beiseitestellen.

3 - Den Backofen auf 180 °C (Ober-/Unterhitze) vorheizen.

4 - 60 g in Stücke geschnittene Butter in den Mixbehälter geben, den Messbecher einsetzen und **3 Minuten/Stufe 2/90 °C zerlassen.** Das Mehl dazugeben und **20 Sekunden/Stufe 6 mixen.** Anschließend den Messbecher wieder einsetzen und **4 Minuten/Stufe 2/100 °C dünsten.** 500 g Vollmilch, Salz, Pfeffer und Muskatnuss dazugeben und ohne eingesetzten Messbecher **10 Minuten/Stufe 2/90 °C köcheln lassen.**

5 - Mit dem Spatel nach unten schieben und den Messbecher wieder einsetzen, dann **5 Sekunden/Stufe 5 mixen.** Den geriebenen Cheddar und den in Stücke geschnittenen Mozzarella dazugeben, den Messbecher einsetzen und **Linkslauf/15 Sekunden/Stufe 1 vermischen.** Falls nötig, nachwürzen. Die Nudeln hinzufügen und **Linkslauf/15 Sekunden/Stufe 1 vermischen.**

6 - Die Nudelmischung in eine gebutterte Auflaufform füllen, mit den Semmelbröseln bestreuen und 25 Minuten im Ofen backen. Mit klein geschnittener Petersilie servieren.

Thailändische Suppe MIT GARNELEN

FÜR
2 PERS.

IN DER KÜCHEN-
MASCHINE
24 MIN.

10 Champignons

200 g geschälte
Garnelen

1 Stängel Zitronengras

15 g Ingwer

300 g Kokosmilch

60 g Vermicelli

1 - Die Zwiebel schälen und vierteln, den Ingwer schälen, die Knoblauchzehen schälen und die Keime entfernen. Alles in den Mixbehälter geben, den Messbecher einsetzen und **5 Sekunden/ Turbo-Taste zerkleinern.** Mit dem Spatel nach unten schieben.

2 - Das gewaschene Weiße einer Stange Lauch in Scheiben schneiden und das Zitronengras grob in 3 Stücke teilen. Mit der roten Currypaste und dem Sesamöl in den Mixbehälter geben und ohne eingesetzten Messbecher **4 Minuten/100 °C/Anbrat-Taste dünsten.**

3 - Kokosmilch, Gemüsebrühe, geschälte Garnelen, die geputzten, geviertelten Champignons und 1 Prise Salz hinzufügen. Mit eingesetztem Messbecher **Linkslauf/10 Minuten/Stufe 1/100 °C kochen lassen.**

4 - Die Vermicelli dazugeben und **Linkslauf/Stufe 1/100 °C kochen lassen.** Dabei die auf der Packung angegebene Kochzeit beachten.

5 - Mit fein geschnittenem Koriander und etwas Limettensaft servieren.

Und außerdem ...

1 Zwiebel
2 Knoblauchzehen
1 Stange Lauch (nur das Weiße)
1 TL rote Currypaste
1 EL Sesamöl
400 g Gemüsebrühe (Würfel oder von S. 162)
½ Bund Koriander
1 Limette
1 Prise Salz

Risotto MIT CALAMARI

FÜR
4 PERS.

IN DER KÜCHEN-
MASCHINE
28 MIN.

400 g Calamari-Ringe
(frisch oder TK)

700 g heiße
Gemüsebrühe (S. 162)

250 g Risottoreis
(Arborio)

50 g TK-Erbsen

½ Bund Petersilie

200 g stückige
Tomaten aus der Dose

1 – Die Schalotte schälen und halbieren, die Knoblauchzehen schälen und die Keime entfernen. Beides in den Mixbehälter geben, den Messbecher einsetzen und **5 Sekunden/Stufe 5 zerkleinern.** Mit dem Spatel nach unten schieben.

2 – Das Olivenöl dazugeben und ohne eingesetzten Messbecher **3 Minuten/Anbrat-Taste dünsten.**

3 – Die Calamari und 1 Teelöffel Salz dazugeben, den Messbecher einsetzen und **Linkslauf/3 Minuten/Stufe 1/100 °C garen.** Den Reis hinzufügen, den Messbecher einsetzen und **Linkslauf/1 Minute/ Stufe 1/100 °C dünsten lassen.**

4 – Die stückigen Tomaten, die Erbsen, Paprikapulver, Kurkuma und Chilipulver dazugeben, den Messbecher einsetzen und **Linkslauf/3 Minuten/Stufe 1/100 °C köcheln lassen.**

5 – Die heiße Gemüsebrühe zugießen. Erneut ohne eingesetzten Messbecher **Linkslauf/Stufe 1/100 °C köcheln lassen.** Dabei die auf der Reispackung angegebene Kochzeit beachten.

6 – Mit klein geschnittener Petersilie und etwas Zitronensaft servieren.

Und außerdem ...

1 Schalotte
2 Knoblauchzehen
2 EL Olivenöl
1 TL Paprikapulver
½ TL Kurkuma
½ TL Chilipulver (optional)
½ Zitrone
Salz
Pfeffer

Meeres- EINTOPF

FÜR
4 PERS.

IN DER KÜCHEN-
MASCHINE
45 MIN.

220 g geschälte Garnelen

3 Karotten

1000 g Fischfond

600 g Seeteufelfilet

2 Stangen Lauch

5 Kartoffeln (Ratte oder Charlotte)

1 - Die Zwiebel schälen und vierteln, in den Mixbehälter geben, den Messbecher einsetzen und **5 Sekunden/Turbo-Taste zerkleinern.** Mit dem Spatel nach unten schieben.

2 - Die Karotten schälen und in Stücke schneiden. Die Kartoffeln schälen und vierteln. Den Lauch waschen und ebenfalls in Stücke schneiden.

3 - Die Butter zu der Zwiebel in den Mixbehälter geben. Ohne eingesetzten Messbecher **4 Minuten/Anbrat-Taste dünsten.** Den Weißwein zugießen und **5 Minuten/Stufe 1/100 °C erhitzen.** Den Fischfond zugießen, den Messbecher einsetzen und **10 Minuten/ Stufe 1/100 °C erhitzen.**

4 - Die Kartoffeln und die Karotten mit in den Mixbehälter geben. Ohne eingesetzten Messbecher **Linkslauf/5 Minuten/100 °C garen.**

5 - Inzwischen das Seeteufelfilet und den Lauch in den flachen Dampfgaraufsatz geben und mit Salz und Pfeffer würzen. Den Dampfgaraufsatz aufsetzen, schließen und **10 Minuten/Dampfgar-Taste dünsten.** Die Garnelen dazugeben und erneut **10 Minuten/ Dampfgar-Taste dünsten.**

6 - Mit dem klein geschnittenen Dill servieren.

Und außerdem ...

1 Zwiebel
20 g Butter
200 g trockener Weißwein
½ Bund Dill
Salz
Pfeffer

LAST MINUTE

Gurken-
GAZPACHO

FÜR
4 PERS.

KÜHLZEIT
30 MIN.

IN DER KÜCHEN-
MASCHINE
5 MIN.

20 g Feta

3 Stängel Minze

2 Frühlingszwiebeln

250 g grüne Tomaten

1 grüne Paprika

2 Gurken

1 - Das Gemüse waschen. Die Gurken in große Stücke schneiden, die Stiele und Kerne von Tomaten und Paprika entfernen und Fruchtfleisch anschließend vierteln. Die Frühlingszwiebeln waschen, halbieren, die Knoblauchzehe schälen und den Keim entfernen, 2 Stängel Minze waschen und trocken schütteln. Alles in den Mixbehälter geben.

2 - Das Olivenöl, den Weinessig, 1 Teelöffel Salz und Pfeffer hinzufügen. Den Messbecher einsetzen und **1 Minute/Stufe 8 zerkleinern.** So lange mixen, bis eine leicht körnige Konsistenz erreicht ist. Bei Bedarf etwas Wasser dazugeben.

3 - Gazpacho 30 Minuten kalt stellen. Mit klein geschnittener Minze und zerkrümeltem Feta servieren.

Und außerdem ...

1 Knoblauchzehe
2 EL Olivenöl
2 EL Weinessig
Salz
Pfeffer

Eier Mimosa
MIT WASABI

FÜR
4 PERS.

IN DER KÜCHEN-
MASCHINE
15 MIN.

10 Stängel Kerbel

4 Eier

5 TL Wasabi-
Mayonnaise (S. 200)

Salz

Pfeffer

1 - 500 g Wasser in den Mixbehälter füllen, die Eier in den Dampfgaraufsatz legen und diesen aufsetzen. **14 Minuten/ Stufe 1/120 °C garen lassen.** Den Mixbehälter ausleeren. Die Eier abkühlen lassen.

2 - Die Eier pellen, halbieren und die Eigelbe herausnehmen. Etwas von den Eigelben beiseitestellen und den Rest in den Mixbehälter geben. Gewaschenen Kerbel, die Mayonnaise, Salz und Pfeffer hinzufügen. Den Messbecher einsetzen und **15 Sekunden/Stufe 3 mixen.** Mit dem Spatel nach unten schieben.

3 - Die Mayonnaise mit einem kleinen Löffel in die Eiweißhälften füllen. Das beiseitegestellte Eigelb über den gefüllten Eiern zerkrümeln.

Avocado-Eiersalat-
TOAST

2 Avocados

10 Stängel Schnittlauch

3 EL Mayonnaise

10 Stängel Dill

4 Eier

4 Scheiben Bauernbrot

1 - Dill und Schnittlauch waschen und trocken schütteln, Schnittlauch in ½ cm lange Rollen schneiden. Kräuter in den Mixbehälter geben, den Messbecher einsetzen und **5 Sekunden/Stufe 5 zerkleinern.** In eine Schüssel füllen und beiseitestellen.

2 - 500 g Wasser in den Mixbehälter füllen und die Eier in den Dampfgaraufsatz legen. Dampfgaraufsatz aufsetzen und Eier **14 Minuten/Stufe 1/120 °C garen.** Den Mixbehälter ausleeren. Die Eier abkühlen lassen, pellen und halbieren.

3 - Die Avocados schälen, halbieren und entkernen, mit 1 Prise Salz, dem Zitronensaft, der Mayonnaise und Pfeffer in den Mixbehälter geben. Den Messbecher einsetzen und **8 Sekunden/Stufe 6 mixen.**

4 - Die Eier dazugeben, den Messbecher einsetzen und **8 Sekunden/ Stufe 4 mixen.**

5 - Das Brot toasten.

6 - Die Kräuter mit in den Mixbehälter geben, den Messbecher einsetzen und **Linkslauf/10 Sekunden/Stufe 2 vermischen.** Abschmecken.

7 - Die getoasteten Brotscheiben mit der Avocado-Ei-Mischung bestreichen.

Und außerdem ...

1 EL Zitronensaft
Salz
Pfeffer

Kartoffel- SALAT

10 Stängel Schnittlauch

10 Basilikumblätter

600 g kleine Kartoffeln
(Grenaille oder Roseval)

3 EL grünes Pesto
(S. 202)

4 Eier

1 - Die Basilikumblätter und den Schnittlauch waschen und trocken schütteln. Schnittlauch in ½ cm lange Rollen schneiden. Kräuter in den Mixbehälter geben, den Messbecher einsetzen und **5 Sekunden/ Stufe 5 zerkleinern.** In eine Schüssel füllen und beiseitestellen.

2 - 500 g Wasser in den Mixbehälter füllen. Die Kartoffeln waschen und in den Dampfgaraufsatz legen. Die Eier in den flachen Dampfgaraufsatz legen. Beide Aufsätze aufsetzen, den Messbecher einsetzen und **12 Minuten/Dampfgar-Taste garen.**

3 - Die Eier herausnehmen und mit kaltem Wasser abschrecken. Die Kartoffeln weitere **3 Minuten/Dampfgar-Taste garen.** Den Mixbehälter ausleeren.

4 - Die Eier pellen und halbieren. Die Kartoffeln abkühlen lassen, dann halbieren.

5 - Die Kartoffeln, das grüne Pesto, die klein geschnittenen Kräuter, Salz und Pfeffer in den Mixbehälter geben, den Messbecher einsetzen und **Linkslauf/1 Minute/Stufe 2 vermischen.**

6 - Mit den Eiern servieren.

Und außerdem ...

Salz
Pfeffer

Kartoffeln
MIT AVOCADO

FÜR
4 PERS.

BACKZEIT
25 MIN.

IN DER KÜCHEN-MASCHINE
20 MIN.

10 Stängel Schnittlauch

4 EL Avocado-Pistazien-Dip (S. 34)

1 TL Paprikapulver

80 g Feta

600 g Kartoffeln

10 Stängel Koriander

1 - Den Backofen auf 200 °C (Ober-/Unterhitze) vorheizen. 500 g Wasser in den Mixbehälter füllen. Die Kartoffeln waschen und in den Dampfgaraufsatz legen. Dampfgaraufsatz aufsetzen, den Messbecher einsetzen und **20 Minuten/Dampfgar-Taste garen.** Den Mixbehälter ausleeren.

2 - Auf einem mit Backpapier ausgelegten Backblech die Kartoffeln verteilen und mit einem Esslöffel etwas zerdrücken. Mit Olivenöl beträufeln, salzen und mit Paprikapulver bestreuen. 25 Minuten im Ofen backen.

3 - Schnittlauch und Koriander waschen und trocken schütteln. Schnittlauch in ½ cm lange Rollen schneiden. Die Kräuter zusammen mit dem in große Würfel geschnittenen Feta in den Mixbehälter geben. Den Messbecher einsetzen und **5 Sekunden/Stufe 5 zerkleinern.** Mit dem Spatel nach unten schieben. In eine Schüssel füllen und beiseitestellen.

4 - Kartoffeln aus dem Ofen nehmen, auf jede Kartoffel 1 gehäuften Löffel Avocado-Pistazien-Dip geben und mit der Feta-Kräuter-Mischung bestreuen. Dazu passt ein grüner Salat.

*Variante: Den Dip durch zerdrückte Avocados ersetzen, die zubereitet werden, während die Kartoffeln im Ofen sind. Hierfür das Fruchtfleisch von 2 Avocados, 2 Esslöffel Olivenöl, Salz und Pfeffer in den Mixbehälter geben. Den Messbecher einsetzen und **8 Sekunden/Stufe 5 zerkleinern.***

Und außerdem ...

2 EL Olivenöl

Salz

Pfeffer

One-Pot-
BOLOGNESE

FÜR
4 PERS.

BACKZEIT
15 MIN.

IN DER KÜCHEN-MASCHINE
20 MIN.

300 g
Rinderhackfleisch

500 g flüssige
Rinderbrühe

360 g Tagliatelle (oder
beliebige andere Pasta)

Parmesan

400 g stückige To-
maten aus der Dose

100 g Kirschtomaten

Und außerdem ...

10 Stängel Basilikum
2 Knoblauchzehen
1 Zwiebel
1 Karotte
1 Selleriestange
3 EL Olivenöl
1 Prise Zucker
Salz, Pfeffer

1 - Das Basilikum waschen und trocken schütteln. In den Mixbehälter geben, den Messbecher einsetzen und **5 Sekunden/Stufe 5 zerkleinern.** In eine Schüssel füllen und beiseitestellen.

2 - Den Backofen auf 180 °C (Ober-/Unterhitze) vorheizen.

3 - Die Knoblauchzehen schälen und die Keime entfernen, die Zwiebel schälen und vierteln, die Karotte schälen und in 3 cm große Stücke schneiden, ebenso die gewaschene Selleriestange. Alles in den Mixbehälter geben, den Messbecher einsetzen und **8 Sekunden/ Stufe 6 zerkleinern.** Mit dem Spatel nach unten schieben.

4 - 2 Esslöffel Olivenöl und das Rinderhackfleisch dazugeben und ohne eingesetzten Messbecher **2 Minuten/100 °C/Anbrat-Taste anbraten.**

5 - Die gewaschenen Kirschtomaten in einer ofenfesten Form mit einem Esslöffel Olivenöl verrühren, mit 1 Prise Salz bestreuen und 15 Minuten in den Backofen schieben.

6 - Die stückigen Tomaten, 400 g Rinderbrühe, Salz, Pfeffer und 1 Prise Zucker zu den anderen Zutaten in den Mixbehälter geben, den Messbecher einsetzen und **Linkslauf/10 Minuten/Stufe 1 kochen.**

7 - Die Pasta hinzufügen und ohne eingesetzten Messbecher **Linkslauf/ Stufe 1/100 °C kochen.** Dabei die auf der Packung angegebene Kochzeit beachten und zwischendurch 1–2 Mal mit dem Spatel durch die Deckelöffnung umrühren.

8 - Nach Ende der Kochzeit Soße abschmecken. Mit geriebenem Parmesan, den Kirschtomaten und zerkleinertem Basilikum servieren.

Empanadas mit
HUHN UND SPINAT

FÜR
4 PERS.

BACKZEIT
15 MIN.

IN DER KÜCHEN-MASCHINE
22 MIN.

125 g Babyspinat

100 g Hähnchenbrust

1 Knoblauchzehe

50 g Frischkäse

2 Mürbeteige (fertig gekauft oder von S. 208)

1 Handvoll Pinienkerne

Und außerdem ...

½ Zwiebel
2 EL Olivenöl
1 Eigelb
Salz
Pfeffer

1 - 1000 g Wasser in den Mixbehälter füllen. Die Hähnchenbrust waschen, trocken tupfen und in den flachen Dampfgaraufsatz legen. Mit 1 Prise Salz bestreuen. Den Dampfgaraufsatz aufsetzen und Fleisch **15 Minuten/Dampfgar-Taste garen.**

2 - Anschließend das Fleisch herausnehmen und abkühlen lassen. Den Mixbehälter ausleeren und das gewürfelte Fleisch hineinlegen. Den Messbecher einsetzen und **5 Sekunden/Stufe 5 zerkleinern,** bis das Fleisch geschnetzelt ist. In eine Schüssel füllen und beiseitestellen.

3 - Inzwischen die beiden Mürbeteige ausrollen und mit einem Ausstecher etwa 16 Kreise mit 10 cm Durchmesser ausstechen. Kalt stellen.

4 - Die Knoblauchzehe schälen und den Keim entfernen, die Zwiebel schälen. Alles in den Mixbehälter geben, den Messbecher einsetzen und **5 Sekunden/Turbo-Taste zerkleinern.**
Mit dem Spatel nach unten schieben.

5 - Das Olivenöl dazugeben und ohne eingesetzten Messbecher **Linkslauf/2 Minuten/100 °C/Stufe 2 anbraten.**

6 - Den gewaschenen Babyspinat hinzufügen und erneut ohne eingesetzten Messbecher Linkslauf/**2 Minuten/100 °C/Stufe 2 anbraten.**

7 - Das geschnetzelte Hähnchenfleisch, den Frischkäse und die Pinienkerne dazugeben, den Messbecher einsetzen und **Linkslauf/2 Minuten/Stufe 3 vermischen.**

8 - Den Backofen auf 180 °C (Ober-/Unterhitze) vorheizen.

9 - Die Teigkreise auf einer Hälfte mit der Mischung bestreichen, die andere Hälfte darüberklappen, die Ränder mit Wasser befeuchten und mit einer Gabel verschließen. Die Teigtaschen auf ein mit Backpapier belegtes Blech setzen und mit einer Mischung aus Eigelb und 1 Teelöffel Wasser bepinseln. 15 Minuten im Ofen backen.

Tacos mit Rinderhack
UND FRISCHEN KRÄUTERN

FÜR
4 PERS.

IN DER KÜCHEN-
MASCHINE
14 MIN.

8 Weizen-Tortillas

**600 g
Rinderhackfleisch**

10 g Dill

10 g Minze

10 g Koriander

4 EL Kokosmilch

1 - Minze, Dill und Koriander waschen und trocken schütteln, in den Mixbehälter geben und den Messbecher einsetzen. **5 Sekunden/ Stufe 5 zerkleinern.** Mit dem Spatel nach unten schieben. In eine Schüssel füllen und beiseitestellen.

2 - Die Frühlingszwiebel waschen, halbieren, die Knoblauchzehe schälen und den Keim entfernen. Die gewaschene Selleriestange in 3 cm große Stücke schneiden. Alles in den Mixbehälter geben. Den Messbecher einsetzen und **5 Sekunden/Stufe 5 zerkleinern.** Mit dem Spatel nach unten schieben.

3 - Das Olivenöl dazugeben und ohne eingesetzten Messbecher **2 Minuten/100 °C/Stufe 2 anbraten.**

4 - Das Rinderhackfleisch dazugeben und ohne eingesetzten Messbecher **Linkslauf/3 Minuten/100 °C braten.** Die Kokosmilch, den Limettensaft, Salz und Pfeffer dazugeben und **Linkslauf/ 8 Minuten/100 °C garen.** Die zuvor gehackten Kräuter dazugeben, den Messbecher einsetzen und **Linkslauf/30 Sekunden/Stufe 2 vermischen.**

5 - Mischung auf den Tacos anrichten und mit Avocado-Pistazien-Dip (S. 34) servieren.

Und außerdem ...

1 Frühlingszwiebel
1 Knoblauchzehe
1 Selleriestange
2 EL Olivenöl
Saft von 1 Limette
Salz
Pfeffer
Avocado-Pistazien-Dip (S. 34)

HOTDOG

FÜR
4 PERS.

IN DER KÜCHEN-
MASCHINE
19 MIN.

10 Cornichons

½ rote Zwiebel

4 Hotdog-Brötchen

4 Frankfurter
Würstchen

2 Tomaten

1 - Die rote Zwiebel schälen. Tomaten waschen, vierteln, dabei den Stielansatz entfernen. Alles zusammen mit den Cornichons in den Mixbehälter geben. Den Messbecher einsetzen und **5 Sekunden/ Stufe 5 zerkleinern.** In eine Schüssel füllen und beiseitestellen.

2 - 800 g Wasser in den Mixbehälter füllen, den Dampfgaraufsatz mit Deckel aufsetzen und **10 Minuten/Stufe 1/90 °C erhitzen.** Die Würstchen in den Dampfgaraufsatz legen und **Linkslauf/8 Minuten/ Stufe 1/90 °C erhitzen.**

3 - Nach 6 Minuten die Hotdog-Brötchen zu den Würstchen legen und ebenfalls erhitzen.

4 - Die Hotdog-Brötchen längs auf-, aber nicht durchschneiden. Die Tomaten-Cornichon-Zwiebel-Mischung auf den Brötchenhälften verteilen, jeweils 1 Würstchen zwischen 2 Hälften legen. Zum Schluss Schalotten-Confit und Honigsenf darüber verteilen.

Und außerdem ...

Schalotten-Confit (S. 206)
Honigsenf (S. 204)

Venusmuscheln
IN BUTTER

FÜR
4 PERS.

EINWEICHZEIT
2 STD.

IN DER KÜCHEN-MASCHINE
10 MIN.

1 Bund Schnittlauch

2 Frühlingszwiebeln

1 ½ kg Venusmuscheln

150 g Butter

1000 g sehr heißer
Fischfond

1 - Mindestens 2 Stunden vor der Zubereitung die Venusmuscheln in Salzwasser legen.

2 - Die Frühlingszwiebeln waschen, halbieren, den Schnittlauch waschen und trocken schütteln, in ½ cm lange Rollen schneiden und alles in den Mixbehälter geben. Den Messbecher einsetzen und **5 Sekunden/Turbo-Taste zerkleinern.** Mit dem Spatel nach unten schieben. 150 g in Stücke geschnittene Butter und 1 Teelöffel Salz dazugeben. Den Messbecher wieder einsetzen und **Linkslauf/2 Minuten 30 Sekunden/Stufe 1/50 °C zerlassen.** Anschließend ohne eingesetzten Messbecher **1 Minute 30 Sekunden/100 °C/Anbrat-Taste dünsten.**

3 - Die Butter-Schnittlauch-Soße in ein Gefäß umfüllen und den Mixbehälter spülen. 1000 g sehr heißen Fischfond und 1 Prise Salz hineingeben. Den tiefen Dampfgaraufsatz aufsetzen und die Muscheln hineingeben. Den Dampfgaraufsatz mit dem Deckel verschließen und **4 Minuten/Dampfgar-Taste dünsten,** bis sich die Muscheln geöffnet haben.

4 - Den Mixbehälter ausleeren, die Muscheln und die Butter-Schnittlauch-Soße hineingeben. Den Messbecher einsetzen und **Linkslauf/1 Minute/Stufe 2/50 °C vermischen.** Sofort servieren.

Und außerdem ...

Salz
Pfeffer

Schnelles
LINSEN-DHAL

FÜR
4 PERS.

IN DER KÜCHEN-
MASCHINE
41 MIN.

2 TL Currypulver

1 TL Kreuzkümmel

2 cm frischer Ingwer

250 g Kokosmilch

300 g rote Linsen

250 g stückige Tomaten
aus der Dose

1 - Die Knoblauchzehen schälen und die Keime entfernen, den Ingwer schälen und in Scheiben schneiden. Alles in den Mixbehälter geben, den Messbecher einsetzen und **5 Sekunden/Stufe 5 zerkleinern.** Mit dem Spatel nach unten schieben.

2 - Das Sonnenblumenöl, Kreuzkümmel, Curry, Garam Masala und rotes Chilipulver dazugeben und ohne eingesetzten Messbecher **Linkslauf/3 Minuten/Stufe 2/100 °C anbraten.** Mit dem Spatel nach unten schieben.

3 - Die roten Linsen, die Gemüsebrühe und die stückigen Tomaten hinzufügen. Ohne eingesetzten Messbecher **Linkslauf/30 Minuten/ Stufe 1/100 °C kochen.**

4 - Die Kokosmilch zugießen und ohne eingesetzten Messbecher **Linkslauf/5 Minuten/Stufe 1/100 °C kochen.** Den Zitronensaft zugießen, den Messbecher einsetzen und **Linkslauf/2 Minuten/ Stufe 1 verrühren.**

5 - Mit klein geschnittenem Koriander und Naanbrot servieren.

Und außerdem ...

4 Knoblauchzehen
2 EL Sonnenblumenöl
1 TL Garam Masala
½ TL rotes Chilipulver (optional)
500 g Gemüsebrühe
Saft von 1 Zitrone
½ Bund Koriander
Naanbrot

Cremige
KICHERERBSENSUPPE

FÜR
4 PERS.

IN DER KÜCHEN-
MASCHINE
26 MIN.

200 g Babyspinat

2 Knoblauchzehen

400 g Kichererbsen aus
der Dose, abgetropft

10 Stängel Koriander

½ rote Paprika

1 Karotte

1 - Die Knoblauchzehen schälen und die Keime entfernen, die Zwiebel schälen und vierteln, die Karotte schälen und in 3 cm große Stücke schneiden, die Paprika waschen, putzen und in Streifen schneiden. Alles in den Mixbehälter geben, den Messbecher einsetzen und **8 Sekunden/Stufe 5 zerkleinern.** Mit dem Spatel nach unten schieben.

2 - Das Olivenöl, das Paprikapulver und den Kreuzkümmel dazugeben und ohne eingesetzten Messbecher **Linkslauf/4 Minuten/ Stufe 2/100 °C anbraten.** Die Kichererbsen hinzufügen, mit der Gemüsebrühe auffüllen und den Messbecher einsetzen. **Linkslauf/15 Minuten/Stufe 1/100 °C kochen.**

3 - 2 Schöpflöffel Kichererbsen beiseitestellen. Den Messbecher wieder einsetzen und alles **1 Minute/Stufe 10 pürieren.**

4 - Den gewaschenen Babyspinat dazugeben und den Messbecher einsetzen. **Linkslauf/5 Minuten/Stufe 3/100 °C kochen.**

5 - Mit Salz und Pfeffer abschmecken. Mit den beiseitegestellten Kichererbsen und klein geschnittenem Koriander servieren.

Und außerdem ...

1 Zwiebel
2 EL Olivenöl
1 TL Paprikapulver
1 TL Kreuzkümmel
600 g Gemüsebrühe
Salz
Pfeffer

3-Käse-Quiche
OHNE BODEN

FÜR
4 PERS.

BACKZEIT
45 MIN.

IN DER KÜCHEN-MASCHINE
2 MIN.

50 g Cheddar

70 g Comté

60 g Mehl

20 g Mischung aus Petersilie, Estragon, Kerbel und Schnittlauch

400 g Milch

4 Eier

1 - Den Backofen auf 180 °C (Ober-/Unterhitze) vorheizen.

2 - Comté, Cheddar und Gouda in große Stücke schneiden und in den Mixbehälter geben. Den Messbecher einsetzen und **10 Sekunden/ Stufe 10 zerkleinern.** In eine Schüssel füllen und beiseitestellen. Den Mixbehälter spülen.

3 - Die gemischten Kräuter waschen, trocken schütteln und in den Mixbehälter geben. Den Messbecher einsetzen und **5 Sekunden/ Stufe 5 zerkleinern.** In eine Schüssel füllen und beiseitestellen.

4 - Eier, Milch, Mehl, 1 Teelöffel Salz und Pfeffer in den Mixbehälter geben und den Messbecher einsetzen. **40 Sekunden/Stufe 4 rühren.** Die 3 Käsesorten und die klein geschnittenen Kräuter hinzufügen und den Messbecher wieder einsetzen. **Linkslauf/10 Sekunden/Stufe 2 vermischen.**

5 - Die Masse in eine mit Backpapier ausgekleidete Tarteform füllen und 45 Minuten im Ofen backen.

Und außerdem ...

50 g Gouda
1 TL Salz
Pfeffer

ZERO WASTE

Brokkoli-
GUACAMOLE

FÜR
4 PERS.

IN DER KÜCHEN-MASCHINE
15 MIN.

2 EL Olivenöl

1 Frühlingszwiebel

300 g Brokkolistrünke

Saft von ½ Zitrone

½ Bund Koriander

2 EL griechischer Joghurt

1 - Die Brokkolistrünke schälen und die holzigen Teile entfernen. Die Strünke in Stücke schneiden und in den Dampfgaraufsatz legen. Den Mixbehälter mit 500 g Wasser füllen, den Dampfgaraufsatz aufsetzen und **10–12 Minuten/Dampfgar-Taste dämpfen.** Brokkoli beiseitestellen und den Mixbehälter leeren.

2 - Die Frühlingszwiebel waschen, halbieren, den Koriander waschen, trocken schütteln und einige Stängel mit der Frühlingszwiebel in den Mixbehälter geben. Den Messbecher einsetzen und **5 Sekunden/ Stufe 5 zerkleinern.** Mit dem Spatel nach unten schieben. Brokkoli, Zitronensaft, Olivenöl, rotes Chilipulver, 1 Teelöffel Salz und Pfeffer hinzufügen. Den Messbecher einsetzen und **15 Sekunden/Stufe 5 mixen.** Mit dem Spatel nach unten schieben.

3 - Den griechischen Joghurt dazugeben, den Messbecher wieder einsetzen und **Linkslauf/2 Minuten/Stufe 2** verrühren.

4 - Mit dem restlichen klein geschnittenen Koriander servieren.

Und außerdem ...

½ TL rotes Chilipulver (optional)
Salz
Pfeffer

Karotten-Frittata
MIT KAROTTENGRÜN

FÜR
4 PERS.

BACKZEIT
25 MIN.

IN DER KÜCHEN-MASCHINE
8 MIN.

½ Bund Schnittlauch

Das Grün von 1 Bund Bio-Karotten

8 Eier

170 g Feta

80 g Sahne (Vollfettstufe)

350 g Bio-Karotten

Und außerdem ...

100 ml Essig
2 EL Olivenöl + etwas für die Form
1 gelbe Zwiebel
1 TL + 1 Prise Salz
Pfeffer

1 - Das Karottengrün gründlich in einer Schüssel mit Essigwasser waschen. Mit einem sauberen Geschirrtuch trocken tupfen und beiseitestellen.

2 - Die Karotten waschen, in 3 cm große Stücke schneiden und in den Mixbehälter geben. Den Messbecher einsetzen und **10 Sekunden/Stufe 5 zerkleinern.** In eine Schüssel füllen und beiseitestellen. Den Mixbehälter spülen.

3 - Den Backofen auf 200 °C (Ober-/Unterhitze) vorheizen.

4 - Die Zwiebel schälen und vierteln, zusammen mit dem Karottengrün in den Mixbehälter geben. Den Messbecher einsetzen und **25 Sekunden/Stufe 6 zerkleinern.** Mit dem Spatel nach unten schieben.

5 - Das Olivenöl und 1 Teelöffel Salz dazugeben und ohne eingesetzten Messbecher **Linkslauf/5 Minuten/Stufe 3/100 °C anbraten.** Die Karotten hinzufügen, den Messbecher einsetzen und **Linkslauf/2 Minuten/Stufe 2** vermischen. In eine geölte, ofenfeste Form umfüllen.

6 - Die Eier, die Sahne, 1 Prise Salz und Pfeffer in den Mixbehälter geben. Den Messbecher einsetzen und **15 Sekunden/Stufe 3 mixen.** Den gewaschenen, trocken geschüttelten und in ½ cm lange Rollen geschnittenen Schnittlauch und 85 g in große Stücke geschnittenen Feta dazugeben. Den Messbecher wieder einsetzen und **5 Sekunden/Stufe 5 mixen.**

7 - Die Eiermasse über die Karotten gießen und mit dem restlichen zerkrümelten Feta bestreuen. 25 Minuten im Ofen backen.

Lachs-Flan mit
RADIESCHENGRÜN

FÜR
4 PERS.

BACKZEIT
35 MIN.

IN DER KÜCHEN-MASCHINE
4 MIN.

200 g Crème fraîche

1 Lachsfilet

Das Grün von 1 Bund Radieschen

20 g Maisstärke

80 g Gruyère, gerieben

4 Eier

1 - Den Backofen auf 180 °C (Ober-/Unterhitze) vorheizen.

2 - Das Radieschengrün in einer Schüssel mit Essigwasser gründlich waschen und trocken tupfen. Beiseitestellen.

3 - Das in große Stücke geschnittene Lachsfilet in den Mixbehälter geben. Den Messbecher einsetzen und **5 Sekunden/Stufe 5 zerkleinern.** In eine Schüssel füllen und beiseitestellen.

4 - Die Zwiebel schälen und vierteln. Das Radieschengrün und die Zwiebel in den Mixbehälter geben und den Messbecher einsetzen. **2 x 5 Sekunden/Stufe 5 zerkleinern.** Zwischendurch und danach dem Spatel nach unten schieben.

5 - Das Olivenöl dazugeben, ohne eingesetzten Messbecher **Linkslauf/3 Minuten/Stufe 2/100 °C anbraten.** Die Crème fraîche, die Eier, den geriebenen Gruyère, den Lachs, die Maisstärke, 1 Teelöffel Salz und Pfeffer hinzufügen. Den Messbecher einsetzen und **Linkslauf/10 Sekunden/Stufe 3 vermischen.** Mit dem Spatel nach unten schieben.

6 - Kleine Förmchen oder eine große Form einfetten, mit der Masse füllen und 35 Minuten im Ofen backen.

Und außerdem ...

100 ml Essig
1 Zwiebel
1 EL Olivenöl + etwas für die Form
Salz
Pfeffer

Brotsuppe
ITALIENISCHE ART

FÜR
4 PERS.

IN DER KÜCHEN-
MASCHINE
28 MIN.

10 Basilikumblätter

1500 g flüssige
Gemüsebrühe (Würfel
oder von S. 162)

4 EL stückige Tomaten
aus der Dose

400 g altbackenes Brot

1 Ei

50 g Parmesan

1 - Das altbackene Brot grob zerschneiden und in 2 Portionen in den Mixbehälter geben, den Messbecher einsetzen und **5 Sekunden/ Stufe 5** zerkleinern. Es soll grob gehackt sein. In eine Schüssel füllen und beiseitestellen.

2 - Die Knoblauchzehe schälen und den Keim entfernen, zusammen mit dem Olivenöl in den Mixbehälter geben, den Messbecher einsetzen und **5 Sekunden/Stufe 5 zerkleinern.** Anschließend ohne eingesetzten Messbecher **Linkslauf/2 Minuten/Stufe 2/80 °C anbraten.** Die stückigen Tomaten dazugeben und ohne eingesetzten Messbecher **Linkslauf/5 Minuten/Stufe 2/80 °C dünsten.**

3 - Die Gemüsebrühe und 1 Teelöffel Salz dazugeben, den Messbecher einsetzen und **10 Minuten/Stufe 1/100 °C kochen.**

4 - Das Brot hinzufügen und **Linkslauf/5 Minuten/Stufe 1/100 °C verrühren.** Das Ei dazugeben und **Linkslauf/5 Minuten/Stufe 1/ 100 °C verrühren.** Das Brot soll die Gemüsebrühe teilweise aufsaugen.

5 - Mit geriebenem Parmesan, klein geschnittenem Basilikum, etwas Olivenöl und Pfeffer servieren.

Und außerdem ...

1 Knoblauchzehe
2 EL Olivenöl + etwas zum Servieren
Salz
Pfeffer

Gemüsebrühe
AUS GEMÜSESCHALEN

FÜR
1 L

IN DER KÜCHEN-
MASCHINE
51 MIN.

RUHEZEIT
30 MIN.

**600 g verschiedene
Gemüseschalen und
Gemüsegrün (von Bio-Gemüse)**

2 Knoblauchzehen

4 cm Ingwer

2 Lorbeerblätter

10 g Pfeffermischung

3 Rosmarinstängel

1 - Gemüsegrün und -schalen in einer Schüssel mit Essigwasser gründlich waschen. Beiseitestellen.

2 - Die Knoblauchzehen schälen und die Keime entfernen, den Ingwer schälen und in Scheiben schneiden. Alles zusammen mit den Pfefferkörnern in den Mixbehälter geben. Den Messbecher einsetzen und **5 Sekunden/Stufe 5 zerkleinern.**

3 - Gemüsegrün und -schalen, 1200 g Wasser und das grobe Salz dazugeben und **Linkslauf/10 Minuten/Stufe 1/100 °C kochen.**

4 - Gewaschenen Rosmarin und Lorbeerblätter dazugeben. Ohne eingesetzten Messbecher **Linkslauf/40 Minuten/Stufe 1/80 °C köcheln lassen.**

5 - Die Gemüsebrühe im Anschluss 30 Minuten kalt stellen und ziehen lassen. Danach durch ein Sieb gießen und verwenden oder in Eiswürfelbereiter füllen. Die gefrorenen Brühewürfel können in der Gefriertruhe in einer TK-Dose oder einem TK-Beutel aufbewahrt werden.

Und außerdem ...

100 ml Essig
1 TL grobes Salz

Brotauflauf MIT KNOBLAUCH

FÜR
6 PERS.

BACKZEIT
30 MIN.

IN DER KÜCHEN-MASCHINE
4 MIN.

250 g Mozzarella

500 g altbackenes Toastbrot

4 Knoblauchzehen

70 g Butter + etwas für die Form

Salz

1 Bund glatte Petersilie

1 - Den Backofen auf 180 °C (Ober-/Unterhitze) vorheizen.

2 - Die Butter in den Mixbehälter geben und **3 Minuten/Stufe 2/55 °C zerlassen.**

3 - Die Knoblauchzehen schälen und die Keime entfernen, Petersilie waschen und trocken schütteln, alles zusammen mit 1 Teelöffel Salz zur Butter in den Mixbehälter geben, den Messbecher einsetzen und **5 Sekunden/Stufe 5 zerkleinern.** Mit dem Spatel nach unten schieben.

4 - Die Brotscheiben eng nebeneinander in eine gefettete Kastenform stellen, den klein geschnittenen Mozzarella zwischen die Scheiben verteilen und mit der Knoblauch-Petersilien-Butter übergießen. Pfeffern.

5 - Die Form mit Backpapier abdecken und 15 Minuten in den Ofen schieben. Das Backpapier entfernen und weitere 15 Minuten backen.

Und außerdem ...

Pfeffer

Aromatisierte
SEMMELBRÖSEL

FÜR
1 GLAS
(300 ML)

IN DER KÜCHEN-
MASCHINE
1 MIN.

½ TL Salz

1 EL Sesamsamen

100 g trockenes Brot

1 TL Paprikapulver

1 TL getrockneter
Thymian

1 - Das trockene Brot grob zerkleinern, in 2 bis 3 Portionen in den Mixbehälter geben, den Messbecher einsetzen und **15 Sekunden/ Stufe 6 zerkleinern.** So lange mixen, bis die Semmelbrösel fein genug sind.

2 - Getrockneten Thymian, Paprikapulver, Sesamsamen und Salz dazugeben. Den Messbecher einsetzen und **Linkslauf/30 Sekunden/ Stufe 2 vermischen.** In einem verschlossenen Glas halten sich die Semmelbrösel bis zu 2 Monate. Bei den Gewürzen kann nach Geschmack variiert werden.

Karottenschalen- CHUTNEY

**FÜR
1 GLAS
(300 ML)**

**IN DER KÜCHEN-
MASCHINE
25 MIN.**

100 g getrocknete
Aprikosen

160 g Karottenschalen
(von Bio-Karotten)

125 g Weißwein

2 cm Ingwer

80 g brauner Zucker

6 EL Apfelessig

1 - Die Karottenschalen in einer Schüssel mit Essigwasser gründlich waschen. Mit einem sauberen Geschirrtuch trocken tupfen und beiseitestellen.

2 - Die getrockneten Aprikosen in den Mixbehälter geben. Den Messbecher einsetzen und **5 Sekunden/Turbo-Taste/zerkleinern.** In eine Schüssel füllen und beiseitestellen. Den Mixbehälter spülen.

3 - Die Schalotte schälen, den Ingwer schälen und in Scheiben schneiden, beides in den Mixbehälter geben. Den Messbecher einsetzen und **5 Sekunden/Turbo-Taste zerkleinern.** Mit dem Spatel nach unten schieben.

4 - Die Karottenschalen, die gehackten Aprikosen, Olivenöl, braunen Zucker und Kreuzkümmel dazugeben und ohne eingesetzten Messbecher **4 Minuten/Anbrat-Taste dünsten.**

5 - Weißwein, Apfelessig und 1 Teelöffel Salz dazugeben und ohne eingesetzten Messbecher **Linkslauf/20 Minuten/Stufe 1/100 °C köcheln lassen.** Kontrollieren, ob das Chutney ausreichend zerkocht ist, sonst noch etwas Wasser zugießen und noch etwas länger kochen lassen.

Und außerdem ...

100 ml Essig
1 Schalotte
1 EL Olivenöl
1 TL Kreuzkümmel
Salz

Kürbis-
STREUSELKUCHEN

FÜR
4 PERS.

BACKZEIT
35 MIN.

IN DER KÜCHEN-MASCHINE
17 MIN.

3 TL Zimt

475 g Mehl

2 Eier

110 g Sonnenblumenöl

400 g Hokkaido-kürbis

170 g brauner Zucker

Und außerdem ...

50 g Kürbiskerne
90 g Butter + etwas für die Form
6 g Backpulver
80 g Dickmilch
Salz
Für die Glasur
130 g Puderzucker

1 - Den Kürbis waschen, die Kerne entfernen (aufheben) und das Fruchtfleisch in Würfel schneiden. 500 g Wasser in den Mixbehälter füllen. Die Kürbiswürfel in den Dampfgaraufsatz legen, diesen aufsetzen und Kürbis **15 Minuten/Dampfgar-Taste dämpfen.** Den Mixbehälter ausleeren, die gekochten Kürbiswürfel in den Mixbehälter füllen, den Messbecher einsetzen und **40 Sekunden/Stufe 5 pürieren.** Das Kürbispüree in eine Schüssel füllen und kalt stellen.

2 - Die Kürbiskerne mit kaltem Wasser abwaschen und abtrocknen. Auch den Mixbehälter gut trocken reiben und die Kürbiskerne hineingeben. Den Messbecher einsetzen und **30 Sekunden/Stufe 8 zerkleinern.** Mit dem Spatel nach unten schieben.

3 - 100 g Mehl, 70 g braunen Zucker, 1 Teelöffel Zimt, 1 Prise Salz und die kalte, klein geschnittene Butter dazugeben. Den Messbecher einsetzen und **50 Sekunden/Stufe 3 mixen,** bis die Masse aussieht wie Streusel. Mit dem Spatel nach unten schieben. Die Streusel herausnehmen und kalt stellen.

4 - Den Backofen auf 180 °C (Ober-/Unterhitze) vorheizen.

5 - In den Mixbehälter 375 g Mehl, 100 g braunen Zucker, das Back-pulver, 2 Teelöffel Zimt und 1 Prise Salz geben. Den Messbecher einsetzen und **10 Sekunden/Stufe 4 vermischen.** Das Kürbispüree, Sonnenblumenöl, Dickmilch und die Eier dazugeben. Den Mess-becher einsetzen und **30 Sekunden/Teigknet-Taste kneten.**

6 - Die Masse in eine gefettete Form füllen, die Streusel darüber verteilen und Kuchen 35 Minuten im Ofen backen.

7 - Den Kuchen nach dem Backen lauwarm abkühlen lassen. Dann den Puderzucker mit wenig Wasser zu einem Guss verrühren und über dem Kuchen verteilen.

SÜSSES

Knusprige
MOUSSE AU CHOCOLAT

FÜR
4 PERS.

RUHEZEIT
3 STD.

IN DER KÜCHEN-MASCHINE
16 MIN.

200 g dunkle Schokolade

2 Eigelbe

5 Eiweiße

100 g Sahne

50 g Kokosraspel

1 Prise Salz

1 - Die Eiweiße mit 1 Prise Salz in den sehr sauberen Mixbehälter geben, den Rühraufsatz einsetzen und ohne eingesetzten Messbecher **Linkslauf/5 Minuten/37 °C/Stufe 4 schlagen.** In eine Schüssel füllen und beiseitestellen.

2 - Die dunkle Schokolade in Stücke brechen und in den Mixbehälter geben. Den Messbecher einsetzen und **10 Sekunden/Stufe 9 zerkleinern.** 20 g Schokolade entnehmen und beiseitestellen. Mit dem Spatel nach unten schieben. Die Sahne zugießen und Schokolade in **10 Minuten/Stufe 1/60 °C schmelzen lassen.** Die Eigelbe hinzufügen, den Messbecher wieder einsetzen und **30 Sekunden/Stufe 4 vermischen.**

3 - 1 Esslöffel Eischnee, 20 g gehackte Schokolade und 25 g Kokosraspel einarbeiten. Im **Linkslauf/20 Sekunden/Stufe 4 vermischen.** Die Schokoladenmischung über den restlichen Eischnee gießen. Mit dem Spatel vorsichtig unterheben. Die Mousse in Gläser verteilen und mindestens 3 Stunden kalt stellen.

4 - Die Knusper-Schokolade klein hacken und direkt vor dem Servieren mit den restlichen Kokosraspeln über der Mousse verteilen.

Und außerdem ...

50 g Vollmilchschokolade mit Knusperflakes

Nicecream
BANANE-ERDBEERE

FÜR
4 PERS.

IN DER KÜCHEN-
MASCHINE
2 MIN.

KÜHLZEIT
1 NACHT
+ 2 STD.

170 g Erdbeeren

3 Bananen, geschält

1 - Am Vortag die Bananen in Stücke schneiden, die Erdbeeren entstielen, waschen, halbieren und alles in die Gefriertruhe legen.

2 - Etwa 1 Dutzend gefrorene Erdbeeren beiseitestellen. Die übrigen gefrorenen Erdbeeren und Bananen in den Mixbehälter geben. Den Messbecher einsetzen und **30 Sekunden/Stufe 8 mixen.** Mit dem Spatel nach unten schieben.

3 - Die Kokossahne und den Honig dazugeben, den Messbecher wieder einsetzen und erneut **10 Sekunden/Stufe 8 mixen.**

4 - Die restlichen Erdbeeren und die Kokosraspel hinzufügen, den Messbecher wieder einsetzen und **Linkslauf/1 Minute/Stufe 2 vermischen.**

5 - Creme sofort genießen oder, wenn das Eis fester werden soll, noch 2 Stunden in die Gefriertruhe stellen.

100 g Kokossahne

2 TL flüssiger Honig

75 g Kokosraspel

Ananas-Ingwer-
GRANITÉ

200 g
Ananasfruchtfleisch

4 TL Puderzucker

Saft von 1 Limette

20 g Ingwer

400 g Eiswürfel

1 - Den Ingwer schälen und in Scheiben schneiden. In den Mixbehälter geben, den Messbecher einsetzen und **4 Sekunden/Turbo-Taste zerkleinern.** Mit dem Spatel nach unten schieben.

2 - Den Limettensaft und die klein geschnittene Ananas dazugeben. Den Messbecher wieder einsetzen und **1 Minute/Stufe 10 mixen.**

3 - Den Puderzucker und die Eiswürfel hinzufügen, den Messbecher erneut einsetzen und **30 Sekunden/Stufe 8 mixen.**

4 - Sofort servieren.

Kokos-Klebreis
MIT MANGO

FÜR
4 PERS.

EINWEICHZEIT
1 NACHT

IN DER KÜCHEN-MASCHINE
28 MIN.

400 g Kokosmilch

250 g Klebreis

4 TL Sesamsamen

50 g Zucker

1 TL Salz

1 Mango

1 - Am Vortag den Klebreis in einer Schüssel mit kaltem Wasser einweichen.

2 - Am nächsten Tag 500 g Wasser und ½ Teelöffel Salz in den Mixbehälter geben. Den Reis in den Dampfgaraufsatz füllen und den Dampfgaraufsatz aufsetzen. **20 Minuten/Dampfgar-Taste garen,** nach der Hälfte der Garzeit einmal mit dem Spatel umrühren. Reis beiseitestellen. Den Mixbehälter ausleeren.

3 - Die Kokosmilch, den Zucker und ½ Teelöffel Salz in den Mixbehälter füllen, ohne eingesetzten Messbecher **8 Minuten/Stufe 1/100 °C kochen lassen.** Vorsichtig mit dem Reis vermischen.

4 - Mango schälen und Fruchtfleisch in Spalten vom Kern schneiden. Klebreis mit Mango und Sesamsamen bestreut servieren.

Fluffiger
PISTAZIENKUCHEN

FÜR
6 PERS.

BACKZEIT
45 MIN.

IN DER KÜCHEN-MASCHINE
14 MIN.

150 g Mehl

180 g Zucker

100 g Butter + etwas
für die Form

Schale von
1 Bio-Zitrone

6 Eier

60 g Pistazien
(ungesalzen)

Und außerdem ...

1 Prise Salz
1 EL Pistazienmus
50 g Zitronensaft
10 g Puderzucker

1 - Die Eier trennen. Die Eiweiße mit 1 Prise Salz in den sehr sauberen Mixbehälter geben, den Rühraufsatz einsetzen und ohne eingesetzten Messbecher **Linkslauf/6 Minuten/37 °C/Stufe 4 schlagen.** In eine Schüssel füllen und beiseitestellen. Den Mixbehälter spülen.

2 - Die klein geschnittene Butter in den Mixbehälter geben und den Messbecher einsetzen. **3 Minuten/Stufe 2/90 °C zerlassen.** In eine Schüssel füllen und beiseitestellen. Den Mixbehälter spülen.

3 - Die Eigelbe und den Zucker in den Mixbehälter geben, den Messbecher einsetzen und **2 Minuten/Stufe 3 verrühren.** 1 Esslöffel Pistazienmus dazugeben, den Messbecher wieder einsetzen und **30 Sekunden/Stufe 3 verrühren.**

4 - Den Backofen auf 180 °C (Ober-/Unterhitze) vorheizen.

5 - Das Mehl, die abgeriebene Zitronenschale, den Zitronensaft, die zerlassene Butter und 50 g gehackte Pistazien dazugeben. Den Messbecher einsetzen und **Linkslauf/2 Minuten/Stufe 3 verrühren.**

6 - Die Masse in eine Schüssel umfüllen und den Eischnee vorsichtig unterheben.

7 - Den Teig in eine gefettete Kuchenform füllen und 30 Minuten im Ofen backen, dann die Temperatur auf 160 °C herunterschalten und weitere 15 Minuten backen.

8 - Direkt vor dem Servieren Kuchen mit Puderzucker und gehackten Pistazien bestreuen.

Dampfgegarter
APFELKUCHEN

1 TL Zimt

5 EL Ahornsirup

60 g Butter + etwas
für die Form

100 g Dickmilch

600 g Äpfel

50 g brauner Zucker

1 - Die Äpfel schälen, entkernen und in dünne Scheiben schneiden.

2 - Die klein geschnittene Butter in den Mixbehälter geben, den Messbecher einsetzen. **3 Minuten/Stufe 2/90 °C zerlassen.**

3 - Mehl, Backpulver, braunen Zucker, Zimt und Salz dazugeben. Den Messbecher wieder einsetzen und **1 Minute/Teigknet-Taste kneten.** Mit dem Spatel nach unten schieben.

4 - 2 Esslöffel Ahornsirup, das Ei und die Dickmilch dazugeben, den Messbecher einsetzen und erneut **1 Minute/Teigknet-Taste kneten.**

5 - In einer gefetteten und mit Mehl bestäubten Form 3 Esslöffel Ahornsirup und anschließend einige Apfelscheiben verteilen, etwas von dem Teig darübergeben. Äpfel und Teig so lange abwechselnd schichten, bis beides aufgebraucht ist.

6 - Den Mixbehälter spülen und mit 1500 g Wasser füllen. Den Dampfgaraufsatz aufsetzen, den Kuchen daraufstellen und mit Backpapier abdecken, dann den Dampfgaraufsatz schließen. **50 Minuten/Dampfgar-Taste dämpfen.**

7 - Den fertig gebackenen Kuchen vollständig erkalten lassen, dann erst aus der Form nehmen und mit gehackten Haselnüssen garnieren.

Und außerdem ...

150 g Mehl + etwas für die Form
½ Pck. Backpulver
1 Prise Salz
1 Ei
1 Handvoll Haselnüsse

Birnen-Pavlova
MIT KAKAO UND HASELNÜSSEN

FÜR	KÜHLZEIT
4 PERS.	**1 STD.**

IN DER KÜCHEN-MASCHINE	BACKZEIT
53 MIN.	**1 STD.**

1 EL Kakaopulver
(ungezuckert)

30 g Haselnüsse

6 Eiweiße

120 g Puderzucker

2 Vanilleschoten

3 Birnen

Und außerdem ...

200 g Sahne (Vollfettstufe)
380 g Zucker
1 TL Maisstärke

1 - Den Backofen auf 110 °C Umluft (130 °C Ober-/Unterhitze) vorheizen.

2 - Die Eiweiße in den Mixbehälter geben, den Rühreinsatz einsetzen und ohne eingesetzten Messbecher **6 Minuten/37 °C/Stufe 4 steif schlagen**. Dann **5 Minuten/37 °C/Stufe 3** am Gerät einstellen und nach und nach 130 g Zucker, die Maisstärke und 100 g gesiebten Puderzucker einrühren.

3 - Die Masse so mit einem Esslöffel auf einem mit Backpapier ausgelegten Backblech verteilen, dass 4 Kreise mit ca. 10 cm Durchmesser entstehen. In die Mitte der Kreise jeweils eine Mulde drücken und die Baisers 1 Stunde im Ofen backen.

4 - Den Mixbehälter säubern, den Rühreinsatz einsetzen, die sehr kalte Sahne in den Mixbehälter gießen. Ohne eingesetzten Messbecher **1 Minute 30 Sekunden/Stufe 4 schlagen**. 20 g Puderzucker und das Kakaopulver dazugeben, den Messbecher einsetzen und erneut **30 Sekunden/Stufe 4 schlagen**. In einem verschlossenen Glas kalt stellen. Den Mixbehälter spülen.

5 - 1000 g Wasser, 250 g Zucker und die der Länge nach halbierten Vanilleschoten hineingeben. Ohne eingesetzten Messbecher **30 Minuten/Stufe 1/100 °C kochen**. Den Kocheinsatz als Spritzschutz aufsetzen. Währenddessen die Birnen schälen, entkernen und in Scheiben schneiden, die Früchte in den Sirup im Mixbehälter legen und ohne eingesetzten Messbecher erneut **Linkslauf/10 Minuten/Stufe 1/90 °C kochen**. Die Birnen in dem Sirup abkühlen lassen.

6 - Baisers nach dem Backen abkühlen lassen, mit der Schokosahne bestreichen und mit abgetropften Birnenscheiben und grob gehackten Haselnüssen belegen.

Zitronen- WÜRFEL

FÜR EINE QUADRATISCHE BACKFORM MIT 20–22 CM KANTENLÄNGE

KÜHLZEIT
15 MIN.

IN DER KÜCHEN-MASCHINE
10 MIN.

BACKZEIT
38 MIN.

150 g Mehl

3 Eier

60 g Puderzucker + etwas zum Bestreuen

100 g kalte Butter

Schale von 1 Bio-Zitrone

150 g Zucker

1 - Die Backform mit Backpapier auslegen, den Backofen auf 180 °C (Ober-/Unterhitze) vorheizen.

2 - Die kalte, klein geschnittene Butter, das Mehl, den Puderzucker und das Salz in den Mixbehälter geben, den Messbecher einsetzen und **1 Minute 30 Sekunden/Teigknet-Taste kneten.**

3 - Den Teig in die Backform füllen und mit der Hand auf dem gesamten Boden verteilen. 15 Minuten kalt stellen. Anschließend 20 Minuten im Ofen backen.

4 - Den Rühraufsatz einsetzen, die abgeriebene Schale von 1 Zitrone, den Saft von 3 Zitronen, den Zucker, die Eier und die Maisstärke in den Mixbehälter füllen und ohne eingesetzten Messbecher **Linkslauf/8 Minuten/Stufe 2/90 °C erhitzen.**

5 - Wenn der Teig fertig gebacken ist, die Form aus dem Ofen nehmen, sofort die Zitronenmasse darüber verteilen und für 18 Minuten erneut in den Ofen schieben.

6 - Den Kuchen komplett erkalten lassen, dann erst aus der Form nehmen, mit Puderzucker bestreuen und in Würfel schneiden. Im Kühlschrank halten sich die Würfel 1 Woche.

Und außerdem ...

½ TL Salz
160 g Zitronensaft (von etwa 3 Zitronen)
2 EL Maisstärke

Schoko-Erdnuss- COOKIES

FÜR
15 STK.

BACKZEIT
12 MIN.

IN DER KÜCHENMASCHINE
8 MIN.

75 g Erdnüsse

150 g dunkle Schokolade (75 % Kakao)

180 g Mehl

40 g Erdnussbutter

1 Ei

100 g brauner Zucker

1 - Den Backofen auf 200 °C (Ober-/Unterhitze) vorheizen.

2 - Die Schokolade in Stücke brechen und diese in den Mixbehälter geben. Den Messbecher einsetzen und **15 Sekunden/Stufe 5 zerkleinern,** dann Schokolade in ein anderes Gefäß umfüllen.

3 - Die kalte, klein geschnittene Butter, den braunen und den weißen Zucker in den Mixbehälter geben. Den Messbecher einsetzen und **2 Minuten/Stufe 3 verrühren.** Das Ei und die Erdnussbutter dazugeben, den Messbecher wieder einsetzen und **2 Minuten/ Stufe 3 verrühren.**

4 - Mehl, Maisstärke und Natron hinzufügen. Den Messbecher wieder einsetzen und **3 Minuten/Stufe 3 vermischen.**

5 - Die gehackte dunkle Schokolade und die Erdnüsse dazugeben und den Messbecher wieder einsetzen. **Linkslauf/20 Sekunden/Stufe 3 verrühren.**

6 - Auf ein mit Backpapier ausgelegtes Backblech mit einem Esslöffel Teighäufchen setzen. Auf mittlerer Einschubleiste 10–12 Minuten im Ofen backen. Vor dem Verzehr 10 Minuten abkühlen lassen.

Und außerdem ...

75 g gesalzene kalte Butter
50 g weißer Zucker
1 TL Maisstärke
½ TL Natron

Schoko- STÄBCHEN

FÜR	KÜHLZEIT
40 STK.	**20 MIN.**

IN DER KÜCHEN-MASCHINE	BACKZEIT
13 MIN.	**10 MIN.**

200 g dunkle Schokolade

150 g Mehl

50 g Butter

40 g Milch

25 g brauner Zucker

1 Pck. Vanillezucker

Und außerdem ...

1 Prise Salz

1 - Das Mehl, den braunen Zucker, den Vanillezucker und das Salz in den Mixbehälter geben. Den Messbecher einsetzen und **30 Sekunden/Stufe 4 vermischen.** Mit dem Spatel nach unten schieben.

2 - Die klein geschnittene Butter dazugeben, den Messbecher wieder einsetzen und **50 Sekunden/Teigknet-Taste kneten,** bis ein krümeliger Teig entstanden ist. Mit dem Spatel nach unten schieben.

3 - Die Milch zugießen, den Messbecher wieder einsetzen und **30 Sekunden/Teigknet-Taste kneten.**

4 - Den Teig zu einer Kugel formen.

5 - Auf Backpapier den Teig mit einer Teigrolle 5 mm dick zu einem 15 cm breiten Rechteck ausrollen. Mit einem Messer 5 mm breite und 15 cm lange Streifen abschneiden.

6 - Den Backofen auf 180 °C (Ober-/Unterhitze) vorheizen.

7 - Die Teigstreifen mit dem Backpapier vorsichtig auf ein Schneidbrett legen und 20 Minuten kalt stellen.

8 - Das Backpapier mit den Teigstreifen auf ein Backblech legen und Stäbchen 10 Minuten im Ofen backen, dabei aufpassen, dass sie nicht zu dunkel werden. Abkühlen lassen.

9 - Inzwischen die in Stücke gebrochene Schokolade in den Mixbehälter geben und den Messbecher einsetzen. **15 Sekunden/Stufe 8 zerkleinern.** Mit dem Spatel nach unten schieben. Den Messbecher wieder einsetzen, dann **10 Minuten/Stufe 2/60 °C schmelzen lassen.**

10 - Jedes Stäbchen zu drei Vierteln in die geschmolzene Schokolade tauchen oder die Schokolade mit einem Pinsel auftragen. Kalt stellen, bis die Schokolade fest ist.

Marmorierte MARSHMALLOWS

FÜR
15 STK.

IN DER KÜCHEN-
MASCHINE
16 MIN.

RUHEZEIT
1 NACHT
+ 6 STD.

100 g Aprikosen

1 TL
Orangenblütenwasser

215 g Puderzucker

3 Eiweiße

15 g Maisstärke

8 Blatt Gelatine

Und außerdem ...

100 g Zucker
1 TL Zitronensaft

1 - Die Aprikosen waschen, entkernen und mit dem Zucker und dem Zitronensaft in den Mixbehälter geben. Ohne eingesetzten Messbecher **5 Minuten/Stufe 2/90 °C kochen lassen.** Den Messbecher einsetzen und **5 Sekunden/Stufe 5 pürieren.** Das Püree soll eine schöne Konsistenz haben. Wenn es zu flüssig ist, ohne eingesetzten Messbecher weitere **2 Minuten/Stufe 2/90 °C kochen lassen.** Das Püree durch ein Spitzsieb passieren und beiseitestellen. Mixbehälter reinigen.

2 - Die Gelatineblätter 4 Minuten in eine mit Wasser gefüllt Schüssel legen, dann rasch mit einem sauberen Geschirrtuch trocknen.

3 - In einer Schüssel 15 g Puderzucker und die Maisstärke mischen. Eine 20 x 15 cm große Form mit Backpapier auslegen. Die Form mit der Hälfte der Puderzucker-Stärke-Mischung bestäuben.

4 - 200 g Puderzucker in den Mixbehälter geben, die Eiweiße dazugeben, den Rühraufsatz einsetzen und ohne eingesetzten Messbecher **8 Minuten/Stufe 4/90°C verrühren.**

5 - Nach 3 Minuten die Küchenmaschine weiter laufen lassen, die Gelatineblätter hinzufügen und das Orangenblütenwasser zugießen. Die restliche angegebene Zeit laufen lassen.

6 - Die Baisermasse in die Form gießen, nach und nach das Fruchtpüree tropfenweise dazugeben und ein Messer durchziehen, um den Marmoreffekt zu erzielen. Eine Nacht bei Zimmertemperatur ruhen lassen.

7 - Die restliche Puderzucker-Stärke-Mischung mit einem Spitzsieb über die marmorierte Marshmallow-Masse stäuben. Auf eine Arbeitsfläche stürzen, das Backpapier vorsichtig abziehen und die Marshmallows mit einem Messer zuschneiden.

8 - 6 Stunden bei Zimmertemperatur unbedeckt trocknen lassen. Anschließend die Marshmallow-Würfel vorsichtig mischen und dabei eventuell noch etwas Puderzucker und Maisstärke dazugeben.

An einem trockenen Ort 3–4 Tage haltbar.

GRUNDREZEPTE

Soßen

MAYONNAISE OHNE EI

KRÄUTER-
MAYONNAISE

WASABI-
MAYONNAISE

ASIATISCHE MARINADE   CHIMICHURRI-SOSSE   LEICHTE SOSSE

Soßen

WASABI-MAYONNAISE

FÜR
1 GLAS
(200 ML)

IN DER KÜCHEN-MASCHINE
1 MIN.

3 Knoblauchzehen • 100 g Petersilie
25 g frischer Oregano • 1 Frühlingszwiebel
120 g Olivenöl • 1 TL rotes Chilipulver
3 TL Zitronensaft • Salz • Pfeffer

1 - Die Knoblauchzehen schälen und die Keime entfernen. In den Mixbehälter geben, den Messbecher einsetzen und **2 Sekunden/Turbo-Taste zerkleinern.** Petersilie und Oregano waschen und trocken schütteln, die Frühlingszwiebel waschen und in 2 cm große Stücke schneiden. Alles mit in den Mixbehälter geben, den Messbecher einsetzen. **8 Sekunden/Stufe 8 zerkleinern.**

2 - Olivenöl, Chilipulver, Zitronensaft, Salz und Pfeffer hinzufügen, den Messbecher einsetzen. **10 Sekunden/Stufe 7 mixen.**

3 - Diese Soße schmeckt besonders gut, wenn sie am Vortag zubereitet wird. In einem Glas hält sie sich im Kühlschrank 1 Woche.

MAYONNAISE OHNE EI

FÜR
1 GLAS
(200 ML)

IN DER KÜCHEN-MASCHINE
5 MIN.

180 g Sonnenblumenöl • 3 EL Saft aus einer Dose Kichererbsen • 1 EL Zitronensaft
1 TL Dijon-Senf • Salz • Pfeffer

1 - Alle Zutaten auf Zimmertemperatur bringen.

2 - Ein Gefäß auf den Mixbehälter stellen. Mit der Tara-Funktion 180 g Sonnenblumenöl abwiegen und beiseitestellen.

3 - Den Kichererbsensaft (ohne Kichererbsen!), den Zitronensaft, Senf, Salz und Pfeffer in den Mixbehälter geben. Den Messbecher einsetzen und **10 Sekunden/Stufe 3 verrühren.**

4 - Im Anschluss **4 Minuten/Stufe 4 weiterrühren.** Durch den Deckel des Mixbehälters währenddessen langsam das Öl zugießen, der Messbecher bleibt dabei eingesetzt, aber nicht verschlossen. Die Mayonnaise soll eine schöne Konsistenz haben. Mit dem Spatel nach unten schieben.

Mit einer Messerspitze Kurkuma bekommt die Mayonnaise eine hübsche Farbe.

KRÄUTER-MAYONNAISE

FÜR
1 GLAS
(200 ML)

IN DER KÜCHEN-MASCHINE
5 MIN.

180 g Sonnenblumenöl • 20 g Petersilie
20 g Schnittlauch • 1 Eigelb
1 TL Senf • 1 EL heller Essig
Salz • Pfeffer

1 - Alle Zutaten auf Zimmertemperatur bringen.

2 - Ein Gefäß auf den Mixbehälter stellen. Mit der Tara-Funktion 180 g Sonnenblumenöl abwiegen und beiseitestellen.

3 - Petersilie und Schnittlauch waschen und trocken schütteln. Schnittlauch in ½ cm lange Rollen schneiden. Kräuter in den Mixbehälter geben, den Messbecher einsetzen und **6 Sekunden/Stufe 6 zerkleinern.** Mit dem Spatel nach unten schieben. In eine Schüssel füllen und beiseitestellen.

4 - Den Mixbehälter gründlich säubern. Eigelb, Senf, Essig, Salz und Pfeffer hineingeben und den Messbecher einsetzen. **10 Sekunden/Stufe 3 verrühren.**

5 - Im Anschluss **4 Minuten/Stufe 4 weiterrühren.** Durch den Deckel des Mixbehälters währenddessen langsam das Öl zugießen, der Messbecher bleibt dabei eingesetzt, aber nicht verschlossen. Die Mayonnaise soll eine schöne Konsistenz haben. Mit dem Spatel nach unten schieben.

6 - Die gehackten Kräuter zu der Mayonnaise in den Mixbehälter geben, den Messbecher einsetzen. **Linkslauf/10 Sekunden/Stufe 2 vermischen.**

ASIATISCHE MARINADE

FÜR
1 GLAS
(150 ML)

IN DER
KÜCHEN-
MASCHINE
1 MIN.

2 Knoblauchzehen • 15 g frischer Ingwer (ca. 2 cm) • 1 Frühlingszwiebel 30 g Sojasoße • 10 g Sesamöl 30 g Reisessig • 1 TL Chilisoße (Sriracha-Soße) • 1 EL Sesamsamen 40 g Sonnenblumenöl

1 - Die Knoblauchzehen schälen und die Keime entfernen. Den Ingwer schälen und in dünne Scheiben schneiden. Die Frühlingszwiebel waschen und in 1 cm große Stücke schneiden. Alles in den Mixbehälter geben und den Messbecher einsetzen. **6 Sekunden/Stufe 6 zerkleinern.** Mit dem Spatel nach unten schieben.

2 - Sojasoße, Sesamöl, Reisessig und Chilisoße dazugeben. Den Messbecher einsetzen und **20 Sekunden/Stufe 5 mixen.**

3 - Sesamsamen und Sonnenblumenöl dazugeben, Messbecher wieder einsetzen und **Linkslauf/10 Sekunden/Stufe 2 verrühren.**

CHIMICHURRI-SOSSE

FÜR
1 GLAS
(150 ML)

IN DER
KÜCHEN-
MASCHINE
1 MIN.

3 Knoblauchzehen • 100 g Petersilie 25 g frischer Oregano • 1 Frühlingszwiebel 120 g Olivenöl • 1 TL rotes Chilipulver 3 TL Zitronensaft • 1 TL Salz • Pfeffer

1 - Die Knoblauchzehen schälen und die Keime entfernen. In den Mixbehälter geben und den Messbecher einsetzen. **2 Sekunden/Turbo-Taste zerkleinern.** Mit dem Spatel nach unten schieben. Petersilie und Oregano waschen und trocken schütteln, die Frühlingszwiebel waschen und in 2 cm große Stücke schneiden. Die Kräuter und die Frühlingszwiebel mit in den Mixbehälter geben, Messbecher einsetzen und **8 Sekunden/Stufe 8 zerkleinern.**

2 - Olivenöl, Chilipulver, Zitronensaft, Salz und Pfeffer hinzufügen, Messbecher wieder einsetzen und **Linkslauf/10 Sekunden/Stufe 7 mixen.**

3 - Diese Soße schmeckt noch besser, wenn sie am Vortag zubereitet wird. In einem Glas im Kühlschrank hält sie sich 1 Woche.

LEICHTE SOSSE

FÜR
1 GLAS
(150 ML)

IN DER
KÜCHEN-
MASCHINE
1 MIN.

1 Knoblauchzehe • 10 g Petersilie 10 g Minze • 1 griechischer Joghurt (150 g) Saft von 1 Zitrone • 6 EL Olivenöl • Salz Pfeffer

1 - Die Knoblauchzehe schälen und den Keim entfernen. In den Mixbehälter geben, den Messbecher einsetzen und **2 Sekunden/Turbo-Taste zerkleinern.** Mit dem Spatel nach unten schieben.

2 - Petersilie und Minze waschen und trocken schütteln und mit in den Mixbehälter geben. Messbecher einsetzen. **2 Sekunden/Turbo-Taste zerkleinern.** Mit dem Spatel nach unten schieben.

3 - Joghurt, Zitronensaft, Olivenöl, Salz und Pfeffer hinzufügen. Mit eingesetztem Messbecher **3 Sekunden/Stufe 2 verrühren.**

Grünes PESTO

FÜR
1 GLAS
(250 ML)

IN DER
KÜCHEN-
MASCHINE
1 MIN.

Zutaten

160 g glatte Petersilie
80 g Salbei, 1 Knoblauchzehe
50 g Parmesan
1 Handvoll Kürbiskerne
180 g Olivenöl
Saft von ½ Zitrone
1 TL Salz, Pfeffer

1 - Petersilie und Salbei waschen und trocken schütteln.

2 - Die Knoblauchzehe schälen und den Keim entfernen. In den Mixbehälter geben, den Messbecher einsetzen und **2 Sekunden/ Turbo-Taste zerkleinern.** Mit dem Spatel nach unten schieben. Petersilie und Salbei, klein geschnittenen Parmesan und die Kürbiskerne dazugeben, den Messbecher wieder einsetzen. **8 Sekunden/Stufe 8 zerkleinern.**

3 - Olivenöl, Zitronensaft, Salz und Pfeffer hinzufügen, den Messbecher wieder einsetzen. **10 Sekunden/Stufe 7 mixen.** Mit dem Spatel nach unten schieben. Messbecher wieder einsetzen und **10 Sekunden/ Stufe 8 mixen.**

Rotes PESTO

FÜR
1 GLAS
(250 ML)

IN DER
KÜCHEN-
MASCHINE
1 MIN.

Zutaten

½ rote Zwiebel
½ Bund Basilikum
1 TL Paprikapulver
140 g eingelegte Tomaten + Olivenöl aus dem Tomatenglas
Salz
Pfeffer

1 - Die rote Zwiebel schälen und in den Mixbehälter geben, den Messbecher einsetzen. **2 Sekunden/Turbo-Taste zerkleinern.** Mit dem Spatel nach unten schieben.

2 - Das gewaschene und trocken geschüttelte Basilikum, Paprikapulver, Salz und Pfeffer dazugeben. Messbecher wieder einsetzen. **8 Sekunden/Stufe 8 zerkleinern.** Mit dem Spatel nach unten schieben.

3 - Die eingelegten Tomaten und 20 g Olivenöl aus dem Glas hinzufügen, Messbecher einsetzen. **10 Sekunden/Stufe 7 zerkleinern.**

4 - Mehr Olivenöl dazugeben und mixen, bis die gewünschte Konsistenz erreicht ist.

Gut haltbar ist ein Pesto, wenn es mit einer dünnen Schicht Olivenöl bedeckt und in einem verschlossenen Glas im Kühlschrank aufbewahrt wird. Es hält sich dann 1 Woche.

Hausgemachtes
KETCHUP

FÜR
1 GLAS
(200 ML)

IN DER
KÜCHEN-
MASCHINE
**1 STD.
12 MIN.**

Zutaten

200 g sehr reife Tomaten
50 g sehr reife Erdbeeren
1 Knoblauchzehe
1 rote Zwiebel
3 EL Aceto balsamico
¼ TL Zimt
1 TL Dijon-Senf
1 EL Maisstärke
1 TL Salz

1 - Die Stiele der Tomaten und Erdbeeren entfernen. Tomaten und Erdbeeren waschen, vierteln. Den Knoblauch schälen und den Keim entfernen, die Zwiebel schälen und halbieren. Alles in den Mixbehälter geben und den Messbecher einsetzen. **15 Sekunden/ Stufe 7 zerkleinern.** Die restlichen Zutaten hinzufügen, den Messbecher einsetzen und **20 Sekunden/Stufe 5 verrühren.** Mit dem Spatel nach unten schieben. Messbecher wieder einsetzen. **10 Minuten/Stufe 2/100 °C kochen.**

2 - Den Messbecher entfernen und **1 Stunde/Stufe 1/95 °C weiterkochen.** Die Soße soll reduzieren und dickflüssiger werden. Messbecher wieder einsetzen. **1 Minute/Stufe 9 mixen.**

3 - Das Ketchup in ein Glas füllen und bei Zimmertemperatur erkalten lassen. Hält sich im Kühlschrank bis zu 3 Wochen.

HONIGSENF

FÜR
1 GLAS
(150 ML)

IN DER
KÜCHEN-
MASCHINE
1 MIN.

Zutaten

30 g Dijon-Senf
60 g Mayonnaise
30 g Honig
1 TL Apfelessig
1 Prise Paprikapulver

1 - Alle Zutaten in den Mixbehälter geben. Den Messbecher einsetzen und **10 Sekunden/Stufe 6 verrühren.**

Schalotten- **CONFIT**

FÜR
2 TÖPFCHEN
(À 150 ML)

IN DER
KÜCHEN-
MASCHINE
26 MIN.

250 g Schalotten

50 g trockener
Weißwein

1 Knoblauchzehe

20 g Butter

25 g brauner Zucker

2 Stängel Thymian

Und außerdem ...

40 g Weißweinessig
1 TL Salz
Pfeffer

1 - Die Schalotten schälen und halbieren. Den Knoblauch schälen und den Keim entfernen. Alles in den Mixbehälter geben und den Messbecher einsetzen. **10 Sekunden/Stufe 5 zerkleinern.** Mit dem Spatel nach unten schieben. Den braunen Zucker und die Butter dazugeben und ohne eingesetzten Messbecher **5 Minuten/ Anbrat-Taste dünsten.**

2 - Den gewaschenen und trocken geschüttelten Thymian, den Weißweinessig und den Weißwein hinzufügen. Den Messbecher einsetzen und **Linkslauf/20 Minuten/Stufe 1/100 °C köcheln lassen.** Die Thymianstängel entfernen.

3 - Salz und Pfeffer dazugeben, den Messbecher einsetzen und **Linkslauf/10 Sekunden/Stufe 2 unterrühren.** Hält sich im Kühlschrank in einem verschlossenen Glas 1 Monat.

Mürbeteig
MIT KÖRNERN

FÜR	KÜHLZEIT
4 PERS.	**40 MIN.**

IN DER KÜCHEN-MASCHINE	BLINDBACKEN
3 MIN.	**20 MIN.**

200 g Mehl + etwas
zum Ausrollen

½ TL Salz

100 g weiche Butter +
etwas für die Form

40 g Körnermischung

1 Ei

Pfeffer

1 - Das Mehl, die weiche Butter, das Ei, die Körnermischung, Salz und gemahlenen Pfeffer in den Mixbehälter geben. Den Messbecher einsetzen und **2 Minuten/Teigknet-Taste kneten.**
Sollte der Teig zu trocken wirken, 1 Esslöffel kaltes Wasser dazugeben und den Messbecher wieder einsetzen. **30 Sekunden/Teigknet-Taste kneten.**

2 - Den Teig herausnehmen, zu einer glatten Kugel formen und in Frischhaltefolie gewickelt 30 Minuten kalt stellen.

3 - Den Teig zwischen zwei leicht bemehlten Backpapierbögen ausrollen. Boden und Rand einer gefetteten Tarteform mit dem Teig auskleiden und erneut 10 Minuten kalt stellen.

4 - Den Backofen auf 170 °C (Ober-/Unterhitze) vorheizen.

5 - Auf den Tarteboden ein Blatt Backpapier legen, mit Backperlen oder getrockneten Erbsen füllen und 20 Minuten im Ofen blindbacken.

6 - Falls der Teig lange im Kühlschrank stand, 30 Minuten vor der Verarbeitung herausnehmen.

Und außerdem ...

Backperlen oder
getrocknete Erbsen

Vollkorn-
PIZZATEIG

FÜR
4 PERS.

RUHEZEIT
8 STD.

IN DER KÜCHEN-MASCHINE
5 MIN.

10 g frische Hefe

2 TL Salz

400 g Vollkornmehl

2 EL Olivenöl

1 Prise Zucker

1 - 100 g Wasser, die Hefe und 50 g Mehl in den Mixbehälter geben und den Messbecher einsetzen. **3 Minuten/Stufe 1/37 °C erwärmen.**

2 - 350 g Mehl, 120 g Wasser, Salz, Zucker und Olivenöl hinzufügen. Den Messbecher wieder einsetzen und **2 Minuten/Teigknet-Taste kneten,** bis ein glatter Teig entstanden ist. Den Teig in eine Schüssel füllen, mit einem feuchten Geschirrtuch zudecken und mindestens 6–8 Stunden bei Zimmertemperatur gehen lassen.

Pizzateig einmal anders: Für einen aromatisierten Teig 10 Salbeiblätter untermischen. Den Salbei waschen, trocken schütteln und klein schneiden. Beim Knetvorgang dazugeben.
Das Geheimnis eines guten Pizzateigs sind wenig Hefe und eine lange Gehzeit. Perfekt ist es, den Teig am Vortag zuzubereiten!

Grüne CRÊPES

FÜR
4 PERS.

RUHEZEIT
30 MIN.

IN DER KÜCHEN-MASCHINE
2 MIN.

BRATZEIT
6 MIN.

20 g Babyspinat

200 g Mehl

1 Prise Salz

10 g Basilikum

400 g Milch

2 Eier

1 - Babyspinat und Basilikum waschen und trocken schütteln. Zusammen mit der Milch und dem Salz in den Mixbehälter geben und den Messbecher einsetzen. **30 Sekunden/Stufe 8 zerkleinern.** Mit dem Spatel nach unten schieben.

2 - Das Mehl und die Eier dazugeben. Den Messbecher wieder einsetzen. **35 Sekunden/Stufe 4 verrühren.** Den Teig 30 Minuten ruhen lassen.

3 - Den Teig vor der Verwendung umrühren. Eine große, mit Olivenöl leicht gefettete Pfanne erhitzen. 1 Schöpflöffel Teig in die Pfanne geben, durch Kippen der Pfanne gleichmäßig dünn in der Pfanne verteilen und 1 Minute backen. Dann mit einem Pfannenwender wenden und weitere 30 Sekunden backen. Auf einen Teller legen und mit dem restlichen Teig ebenso verfahren.

Und außerdem ...

Olivenöl zum Backen

Kartoffelpüree
MIT KNOBLAUCH

FÜR
4 PERS.

IN DER KÜCHEN-
MASCHINE
26 MIN.

Zutaten

800 g Kartoffeln (Bintje)
250 g Milch
40 g Olivenöl
3 Knoblauchzehen
1 Frühlingszwiebel
1 TL Salz

1 - Die Kartoffeln schälen, waschen, in Würfel schneiden und in den Mixbehälter geben. Den Rühraufsatz einsetzen und die Milch zugießen. Ohne eingesetzten Messbecher **25 Minuten/Stufe 1/ 100 °C kochen.**

2 - Den Rühraufsatz entfernen, Olivenöl, Salz und die geschälten Knoblauchzehen ohne Keime in den Mixbehälter geben und den Messbecher einsetzen. **40 Sekunden/Stufe 4 pürieren.** Mit der gewaschenen, klein geschnittenen Frühlingszwiebel servieren.

Variante: Für ein Püree ohne Milchprodukte die Milch durch Sojadrink ersetzen.

Butternut-
KOKOS-PÜREE

FÜR
4 PERS.

IN DER KÜCHEN-
MASCHINE
26 MIN.

Zutaten

1 Zwiebel
600 g Butternutkürbis
200 g Kartoffeln (Bintje)
250 g Kokosmilch
1 TL Salz

1 - Die Zwiebel schälen, vierteln und in den Mixbehälter geben. Den Messbecher einsetzen und **5 Sekunden/Stufe 5 zerkleinern.** Mit dem Spatel nach unten schieben.

2 - Kürbis und Kartoffeln schälen, putzen und in ungefähr gleich große Stücke schneiden. Zusammen mit der Kokosmilch und dem Salz in den Mixbehälter geben und den Rühraufsatz einsetzen. Ohne eingesetzten Messbecher **25 Minuten/Stufe 1/100 °C kochen.** Wenn das Gemüse weich ist, mit eingesetzem Messbecher **30 Sekunden/Stufe 4 pürieren.**

REZEPTVERZEICHNIS

FRÜHSTÜCK

GEMEINSAM GENIESSEN

LEICHT UND GESUND

VEGETARISCH UND VOLLWERTIG

WOHLFÜHLGERICHTE

LAST MINUTE

ZERO WASTE

SÜSSES

GRUNDREZEPTE

REGISTER

1. Auflage 2021
© 2021 by Yes Publishing – Pascale Breitenstein & Oliver Kuhn GbR
Türkenstraße 89, 80799 München
info@yes-publishing.de
Alle Rechte vorbehalten.

Die französische Originalausgabe erschien 2020 bei Marabout
unter dem Titel *Monsieur Cuisine: 100 recettes inratables pour tous les jours* © 2019 by Hachette Livre (Marabout).
All rights reserved.

Übersetzung: Christa Trautner-Suder
Redaktion: Hanna Schmitz
Umschlaggestaltung: Ivan Kurylenko (hortasar covers)
Fotografien: Rebecca Genet
Layout: Matthieu Corgnet
Satz: Müjde Puzziferri, MP Medien, München
Druck: Livonia Print, Riga
Printed in Latvia

ISBN Print 978-3-96905-080-4
ISBN E-Book (EPUB, Mobi) 978-3-96905-082-8
ISBN E-Book (PDF) 978-3-96905-081-1